当代大学生心理健康教育与实践探究

徐晓涵　杨丽娟◎著

吉林大学出版社

·长春·

图书在版编目（CIP）数据

当代大学生心理健康教育与实践探究 / 徐晓涵，杨
丽娟著 . -- 长春：吉林大学出版社，2024. 5. -- ISBN
978-7-5768-3368-3

Ⅰ . G444

中国国家版本馆 CIP 数据核字第 20246JQ958 号

书　　名	当代大学生心理健康教育与实践探究
	DANGDAI DAXUESHENG XINLI JIANKANG JIAOYU YU SHIJIAN TANJIU
作　　者	徐晓涵　杨丽娟　著
策划编辑	殷丽爽
责任编辑	殷丽爽
责任校对	杨　宁
装帧设计	守正文化
出版发行	吉林大学出版社
社　　址	长春市人民大街 4059 号
邮政编码	130021
发行电话	0431-89580036/58
网　　址	http:// www. jlup. com. cn
电子邮箱	jldxcbs@ sina. com
印　　刷	天津和萱印刷有限公司
开　　本	787mm × 1092mm　1/16
印　　张	10.75
字　　数	220 千字
版　　次	2025 年 4 月　第 1 版
印　　次	2025 年 4 月　第 1 次
书　　号	ISBN 978-7-5768-3368-3
定　　价	72.00 元

　　大学时期是人心理发展的重要时期，大学生的生活中并非只有学习，社交活动、人际交往、恋爱、求职择业等也在大学生的生活中占有重要位置。在大学生活中，大学生会遇到各种困惑和挫折，一些心理承受能力较差的学生会对各种心理压力带来的心理矛盾和冲突感到无所适从，进而影响他们的学习和生活。大学生肩负着建设祖国美好未来的重任，大学生的心理健康不仅会影响他们的学业成就，也会影响高校的整体教学质量和人才培养质量。总而言之，大学生心理健康教育对大学生成人成才以及社会的发展都起到举足轻重的作用。

　　目前，我国高校大学生心理健康教育已经引起了社会各界的高度重视。学术界的专业人士已经形成了普遍共识，他们将培养大学生的良好心理素质看作高等教育的基本目标和高校素质教育的重要组成部分。政府方面出台了一系列政策文件，以保证高校心理健康教育工作顺利开展。

　　本书共分为五章：第一章为大学生心理健康教育概述，分别介绍了大学生心理健康的标准、大学生心理健康教育的原则与方法以及大学生心理健康教育的主要理论四个方面的内容；第二章为大学生心理健康教育的主要内容和发展趋势，主要介绍了三个方面的内容，依次是大学生心理健康教育的覆盖内容、大学生心理健康教育方式的发展以及大学生心理健康教育的发展趋势；第三章为大学生异常心理及心理困惑，分别介绍了三个方面的内容，依次是异常心理的判别、大学生常见的心理困惑以及大学生常见心理疾病；第四章为大学生心理危机的干预策略，依次介绍了大学生心理危机的特点和类型、大学生心理危机的干预策略以及如何做好大学生的心理危机干预三个方面的内容；第五章为大学生心理健康教育实施方法与技术实践，主要介绍了三个方面的内容，分别是大学生心理健康教育实施的具体内容、大学生心理健康教育方法与实践以及大学生心理健康教育课程开展与实践。

在撰写本书的过程中，作者得到了许多专家学者的帮助和指导，参考了大量的学术文献，在此表示真诚的感谢。由于作者水平有限，书中难免会有疏漏之处，希望广大同行给予批评、指正。

徐晓涵　杨丽娟

2023 年 5 月

目 录

第一章 大学生心理健康教育概述

本章为大学生心理健康教育概述，分别介绍了大学生心理健康的标准、大学生心理健康教育的原则与方法以及大学生心理健康教育的主要理论三个方面的内容。

第一节 大学生心理健康的标准

一、大学生心理健康标准的主要内容

（一）心理健康标准的主要观点

与身体健康评价相比，心理健康的评价要更为复杂和困难。时至今日，学术界也没有形成一个权威的心理健康标准。但是，国内外心理学研究者对这一领域进行了很多富有创造性的探索，并提出了多种极具启发性的观点。这里，笔者将对国内外几种比较有代表性的研究观点进行详细介绍。

1. 国外学者的观点

美国心理学家、人本主义心理学的创始者亚伯拉罕·马斯洛（Abraham H. Maslow）提出了人心理健康的十条标准：第一，充分了解自己，并能对自己的能力做恰当的估计；第二，可进行适度的情绪发泄与控制；第三，能保持人格的完整和谐；第四，有充分的适应力；第五，生活的目标能切合实际；第六，可与现实环境保持接触；第七，具有从经验中学习的能力；第八，能保持良好的人际关系；第九，在不违背社会规范的情况下，能适当满足个人基本需要；第十，在不违背集体意志的前提下，可有限度地发挥个性。

2. 国内学者的观点

北京师范大学的郑日昌教授提出，人的心理健康标准共有十条：一是认知功能良好；二是自我意识正确；三是个性结构完整；四是情感反应适度；五是意志品质健全；六是人际关系协调；七是社会适应良好；八是行为规范化；九是活动与年龄相符；十是人生态度积极。[①]

台湾学者王以仁提出，心理健康主要包括六个方面的内涵：第一，对现实有正确的知觉能力——能面对现实的有效适应；第二，积极的自我观念——能了解并接受自己；第三，良好的人际关系——能有朋友且有亲密的朋友；第四，从事有意义的工作——有工作、勤于工作且热爱工作；第五，平衡过去、现在和未来的比重——活在现实生活中，吸取过去之经验并策划未来；第六，能自我控制感受与情绪——真实且实际地感受情绪并恰如其分地控制。[②]

（二）心理健康的一般标准

对于大学生心理健康标准目前学界也没有达成完全统一的共识。综合前面的心理健康标准知识，根据大学生的年龄特征、心理特征、角色特征，我国大学生心理健康的标准主要包括以下几个方面的内容。

第一，求知欲强烈，乐于学习，积极参与学习活动。

第二，具备情绪管理和表达的能力，能够有效地传达愉悦情绪而非消极情绪，并且能够作出适应周围环境的情绪反应。情绪反应是由适当的原因引起的，反应的强度与情境相符。

第三，意志坚定自制，意志品质良好。一个意志健全的人在行动的自觉性、果断性、顽强性、自制力等方面都可表现出较高的水平，他们在各种活动中都有自觉的目的性，能适时地作出决定并运用切实有效的方式解决所遇到的问题。

第四，人格完整、和谐、统一。气质、能力、性格和思想、信念、动机、兴趣、人生观等各方面能得到平衡发展，能够与社会步调合拍；思考问题方式适中、合理，待人接物恰当灵活，对外界刺激不会有偏颇的情绪和行为反应。

---

① 郑日昌. 中学生心理卫生 [M]. 济南：山东教育出版社，1994：24.

② 王以仁，等. 教师心理卫生 [M]. 北京：中国轻工业出版社，1999：18.

二、多维视角下的心理健康标准

（一）心理测量与统计学的标准

从心理测量与统计学的视角，我们可以通过标准化的心理测量量表来判断个体的心理是否健康。这种心理健康标准作为一种规范化、标准化的检测模式，具有较高的信度和效度。但是，真正适合中国文化背景的心理测量量表太少，而且一般来说它必须通过专业人员实施操作并解释结果，因而其在实际应用上存在较大的局限性。

（二）主观觉察经验判断的标准

在心理健康方面，我们可以通过个体的主观觉察与经验判断来判定其心理是否正常。这其中有两个层面，一方面，是个体自己的主观觉察与经验判断。通常情况下，有心理问题的人或多或少能够感觉到自身存在的一些心理异常的症状，并能觉察到这些症状给自己的身心带来的不便和痛苦。以"强迫症"患者为例，这些人经常会作出一些无意义甚至不合理的行为，有的人总是频繁地洗手，有的人会反复检查门是否锁好等，他们自己明知这些行为不妥，但又不能控制自己，深以为苦。在现实中，也有一部分有心理问题的人坚决否定自己的"不正常"，如躁郁症患者，这种讳疾忌医的防卫行为，恰好可以被视作其心理异常判断的标准。另一方面，是研究者的主观觉察与经验判断。这种标准模式是以个体主观的经验判断为准绳，因而操作较为方便，但是它也具有较强的主观色彩和个体差异性。

（三）能否适应客观环境的标准

这里所说的能否适应客观环境的标准，是一种通过社会常模或生活常识来判定个体的心理行为适应是否正常的评估标准。人是社会中的人，心理正常的人，其行为应该符合社会准则、道德规范。这是一种易于掌握、符合常识的检测模式，但不同的社会具有不同的社会行为规范，而且社会规范本身也在发展变化，在这种条件下，以社会适应为标准判断就具有明显的差异性和局限性。

（四）病因和症状存在与否的标准

在人类社会中，有一些不正常心理现象或致病因素在正常人群中是不存在的，对于这种情况，病因和症状存在与否也可以被当作判断心理是否健康的标准。这种检测标准属于一种临床医学与精神病学的检测模式，具有更高的专业性和更窄的适用性，其心理异常现象往往都是多种因素造成的。由此可见，并不是所有的心理异常都可以凭一种诊断手段、技术得到确定。

第二节　大学生心理健康教育的原则与方法

一、大学生心理健康教育的原则

（一）针对性原则

大学生心理健康教育首先应该针对大学生的心理发展特点来进行，具体如下。

第一，针对大学生的年龄特点。教师在进行心理健康教育时，首先应该对大学生的年龄特点进行深入了解，选择出符合他们年龄特点和需要的教学内容、方式和方法。

第二，针对性别特点。不同性别的个体，其心理发展也会有所差异，这就要求教师在进行心理健康教育时，要针对不同性别的特点，依据现代差异心理学的研究成果，帮助个体心理状态向健康方向发展。

第三，针对学习的表现特点。教师要依据大学生在心理状态上的表现不同，选择适宜的内容、方式和方法来进行心理健康教育。

第四，针对学生的个性特点。"人心不同，各如其面"，学生的个性特点不同，教师只有针对不同学生的个性特点进行教育，才能收到理想的效果。

（二）学生主体性原则

教师开展大学生心理健康教育的主要目的是帮助大学生培养良好的心理素质，因此学生是心理健康教育的主体。在开展大学生心理健康教育的过程中，教师要明确以学生为主体的原则，充分调动学生参与心理健康教育活动的积极性和主动性。几乎所有的教育活动，其教育效果都需要由学生来体现。因此，离开了学生的主动、自觉参与，大学生心理健康教育很难达到预期的效果。而贯彻学生主体性原则要求教师必须尽其所能，全面了解学生；在教育过程中以学生为出发点与归宿点；尽可能地为学生提供和创造条件，使学生成为心理健康教育过程中的主体。

（三）教育性原则

教育性原则是指教师在进行心理健康教育的过程中，要根据具体情况提出积极中肯的分析，始终注意培养学生积极进取的精神，帮助学生树立正确的世界观、人生观、价值观。虽然心理健康教育在任务和内容上，与思想政治教育和道德教育有着一定的差异，但是它们的根本目的是一致的，都是帮助学生明白"做人"的道理，使学生在树立正确的世界观、人生观、价值观的同时，形成良好的品德和心理素质，从而成为符合社会主义现代化所需要的人才。大学生心理健康教育的内容一定要与时俱进，要能够充分体现出社会主义精神文明的本质特征和时代特征，教师应当把培养学生良好的心理素质，以及促进学生心理健康同学生的世界观、人生观和价值观的教育有机地结合起来，使学生在接受心理健康教育的同时，学习掌握正确的思想方法，建立积极的思维模式，养成高尚的道德情操，发展优秀的心理品质，潜移默化中受到辩证唯物主义思想的启迪。可以说，教育性原则鲜明地体现了我国大学生心理健康教育的特点与要求。

（四）面向全体学生的原则

面向全体学生的原则是指大学生心理健康教育不能仅仅局限于有心理问题的学生，更应该面向全体学生。在以往的很长一段时间里，心理健康教育仅仅局限在医学的范畴里，也就是我们常说的心理治疗。这种发展状态不仅耗费了大量的精力、财力和时间，而且在效果上也并不理想，不能取得预期的效果。为此，许多心理咨询教师、心理治疗专家在进行实践研究后发现，预防心理健康问题要比治疗更为重要，要从小抓起，开展面向全体学生的心理健康教育，防患于未然，这对整体提高大学生的心理健康水平非常有效。这种认识和行为的转变是一个重大进步，标志着心理健康教育进入了新阶段。如今大学生心理健康教育已将面向全体学生、关注个别学生作为其工作的一个基本原则。

（五）发展性原则

大学生的心理健康教育应该采用一种以发展为导向的教育范式，即应符合发展性原则。这种发展性的教育模式强调通过积极指导学生的日常学习和生活来培养其良好的心理素质。教师应该用发展的、变化的观点来看待学生，相信学生具有自我成长的意愿和潜力，并持乐观态度看待他们的未来。大学生心理健康教育不应轻视学生心理问题的存在，也不应将其归咎于他人，而应对其高度重视并对有心理问题的学生进行积极引导和援助。在实践发展性原则的过程中，教师必须妥善处理各种心理问题，以促进学生心理素质的全面发展，培养学生健全的心理素质。

（六）协同工作的原则

在高校教育工作中，心理健康教育是一个非常重要的组成部分，它具有很强的渗透性，不能将其作为孤立的工作形式来开展，要将其与学校的各项教育、教学工作进行有机结合，实现相互之间的协同发展。

第一，在教育体系中，心理健康教育应当贯穿于各种教育活动之中，以实现德、智、体、美各育的教育要求与心理健康教育的要求的无缝衔接；在各个学科的教学中，教师应当将心理健康教育融入其中，以确保其贯穿于整个课程体系中。

第二，在学校工作中，心理健康教育应当渗透到教育、教学和学校管理的各个方面，以确保学生心理健康得到及时、全面的关注和培养。

第三，在学生活动中，心理健康教育应当贯穿于学生的课内学习、课外活动以及班级团队活动之中，以促进学生的全面发展。

总之，只有多角度、多层次、多方面地协同一致地进行工作，才能使心理健康教育的效果最大化。

（七）平等尊重原则

在心理健康教育工作中，遵循平等尊重原则尤为重要。大学生处于青春期发育后期向成年初期过渡的阶段，心理发展尚未完全成熟，很容易受到身边环境的影响。教师在进行心理健康教育时，如果出现偏向，就容易对学生的心理健康产生直接的影响。教师必须用平等尊重的态度来对待每一个学生，对所有学生一视同仁，特别是对于那些心理上不健康或有心理疾患的学生更应如此，以确保心理健康教育在民主型师生关系中开展，并取得圆满结果。平等尊重原则与主体性原则是相辅相成、彼此依存的，如果教师没有对学生做到平等尊重，那么很难在师生之间形成民主的气氛，学生的主体地位就更不可能得到体现。在开展大学生心理健康教育的过程中，教师要认真贯彻平等尊重原则，杜绝居高临下式的说教，要采用平等的讨论和沟通方式，不能采用强制性的手段逼迫学生接受教育和训练。就目前而言，大多数教师在大学生心理健康教育的认识和实践上还存在着一些偏差，这是影响高校心理健康教育尚未取得满意效果的重要因素。

（八）艺术性原则

大学生心理健康教育不仅需要基于科学理论和知识，还需要教育者具备艺术性的处理能力。教育者应全面掌握心理健康教育的理论和技巧，同时通过生动形象的教育手段与学生进行心灵层面的沟通，为学生提供积极向上的心理成长环境。

二、大学生心理健康教育的方法

为了更好地实现大学生心理健康教育的目标，在开展大学生心理健康教育的过程中，教师要采取各种教育方式、手段和技术来保证心理健康教学活动的顺利进行。教师在运用心理健康教育方法时，必须认真理解以下几个方面。

第一，要明确心理健康教育方法是为实现大学生心理健康教育目标而服务的，它是在长时间的心理健康教育实践中逐渐形成的，并会随着心理健康教育的发展而发展更新。

第二，心理健康教育方法包括教育者和受教育者两方面的活动方式，它既不是教育者一方的活动方式，也不是以教育者为主的活动方式，而是教育者与受教育者共同活动、相互作用的方式。

第三，心理健康教育方法是心理健康教育中多种方式、手段和技术的总称。心理健康教育的复杂性等因素决定了心理健康教育方法的多类别、多层次性。在实际操作过程中，心理健康教育作为一个系统，任何方法都不是孤立使用的，它们需要相互结合在一起，综合地发挥作用。

从整体上来看，我们可以将大学生心理健康教育的方法分为三个层次，即指导思想的方法、心理健康教育方式综合的方法以及教育方式。其具体如下所述。

第一层次：指导思想的方法。它概括程度高，具有方法论意义。就其功能看，它不能具体指导某项教育活动如何开展，为某项教育活动提供操作程序和技能，而是能为教师提供一些在实现心理健康教育目标过程中必须遵守的基本要求和准则，它是对各种心理健康教育活动具有普遍意义的指导思想，指导着整个心理健康教育的开展。

第二层次：心理健康教育方式综合的方法。这一层次要比第一层次作为指导思想的方法的概括性水平低、操作性强，但它比第三层次的方法的概括性水平高、操作性水平低。它是从众多的具体方式中概括出来的，是由众多的具体的方式构成的。这个层次的方法是讨论的中心。

第三层次：教育方式。即教师在心理健康教育的具体教育活动中所采取的具体操作技能的方法。我国心理学和心理健康教育工作者对此作出了初步的概括。

这里，笔者重点对大学生心理健康教育的第二层次的方法即心理健康教育方式综合的方法进行分析和讨论。

（一）全面渗透、多渠道推进法

在大学生心理健康教育工作中，教师要采取全面渗透、多渠道推进的教学方法，首先，需要将心理健康教育全面地渗透到高校教学的各项工作、各科教学以及各项教学活动中去，并由任课教师根据本学科的教学内容与学习活动的特点渗透相应的心理健康教育内容；其次，教师要努力构建学校、家庭、社会的心理健康教育网络，将三股力量统一协调起来，这样就可以组成合力，进而更加全面而迅速地促进大学生心理健康的发展。

（二）优化环境法

优化环境法在大学生心理健康教育中就是创设良好心理发展环境的方法。在高校学习生活中，创造良好的心理发展环境是帮助学生形成健康心理状态和实现进一步发展的重要基础和前提条件。学校应该为学生创设出良好的心理发展环境，给予学生更多的安全感及愉快、和谐的氛围，实现师生关系的民主平等，营造开放、宽松、积极的学习气氛。在这样的环境中，学生的心理能够得到充分、健康的发展。

大学时期是学生个性成熟的一个重要阶段，学校环境如何，将会对学生的身心发展产生直接的影响，而学生的心理健康状况与其在校园生活中的经历息息相关。如果学生在校园中产生紧张、压抑、沮丧的情绪时，他的心理状态很可能会受到焦虑、恐慌、不安等问题的影响，这些问题可能会导致其出现心理障碍，甚至出现心理疾病；反之，如果学生在学校生活中的体验主要是轻松的、乐观的、积极的，那么他的心理状态就趋于良好，即使遇到心理问题和障碍，他们也能够比较容易地对其加以解决。

高校还要对校园的文化观念进行大力调整，对一些不正确的校园文化观念要及时扭转和更正。这里所说的校园文化观念就是指整个学校对各种现象、事件所持有的看法和观点，包括校风、学风和舆论。学校要用综合发展的眼光评价学生。同时，学校应美化、绿化校园，消除噪声；要美化教室，使教室内保持空气清新，照明和色彩适度、和谐，使学生的生活和学习有恬静、舒适的感觉。

良好的人际关系也是创设良好心理发展环境的一个重要方面，特别是师生之间的关系。高校师生关系是构成校园环境的一个主要因素。从学生心理健康的需求出发，学校必须建立以尊重学生为基础的，民主、平等的师生关系。在这样的师生关系中，学生能够获得充分的安全感和对教师的信赖感，从而能充分地表达自己的思想感情，自然地表露自己的困惑和疑问。只有能随时得到教师的理解和帮助指导，学生才会具有最旺盛的精力，从而开发自己的潜能，去发展自我，完善自我。这对教师提出了更新更高的要求，要求他们面向每一个学生，理解每一个学生，接纳每一个学生，分享学生的喜、怒、哀、乐。为此，学校必须对教师进行全员培训，帮助教师树立创造良好心理发展环境的意识，使其掌握一些心理健康教育的知识，并通过教师引导家长。"在继续教育中对教师进行培训，通过家长学校对家长培训，都是行之有效的办法。"①

（三）发展优先、防重于治的方法

在大学生心理健康教育中，发展优先、防重于治，不仅是一种教学方法，更是一种先进的教学策略，它要求学校心理健康教育要将重点放在对心理健康的发展和普及上，而不仅仅是将关注点放在对已经出现心理问题的学生的矫正和治疗上。大学生心理健康教育的主要任务是促进学生身心健康、全面发展，面对的是全体学生。因此，发展学生良好心理素质、维护和促进学生心理健康，必然是学

---

① 刘维良．学校心理健康教育：实施与管理 [M]．重庆：重庆大学出版社，2006.

校心理健康教育的重点。另外，预防工作是全面提高学生心理健康的一个重要途径，它可以防患于未然。因此，预防教育工作在大学生心理健康教育中扮演着至关重要的角色。从心理健康的视角来看，塑造学生优秀的心理素养是预防其产生心理问题的最优、最根本的措施。在心理健康教育的内容和具体安排上，教师必须始终坚持以发展为导向，注重预防而非治疗，要以发展和预防为中心展开工作。

（四）心理辅导法

对大学生进行有效的心理辅导，可以帮助学生建立健康的心理状态。教师可以根据学生心理发展的特点与规律，设计和组织各种教育性活动，以活动为基本方式，基于学生的主观体验和感觉，对学生的心理状态产生积极的影响，进而达到改善学生心理健康的目的。例如，在心理健康教育过程中，教师采用团体讨论法、价值澄清法、角色扮演法等，都可以对大学生起到很好的心理辅导作用。

（五）心理咨询法

心理咨询是一种以"从心理上进行帮助的活动"为主要形式的心理健康教育方法，它是教师通过人际的交流，对学生进行帮助、教育和提高的过程。我们常见的心理咨询方法有精神分析法、来访者中心疗法也称为求助者中心疗法、行为疗法等。

（六）心理评估法

心理评估是一种较为常用的心理诊断方法，它具有较强的客观性，可通过心理学的方法和工具，对个体或群体的心理状态、行为偏移或障碍进行描述、分类、鉴别与诊断。在此过程中，心理评估者会采用各种测量方法和评价标准，对所评估的对象进行客观的评价。具体的评估手段有问卷法、测验法等。

第三节　大学生心理健康教育的主要理论

教师对大学生进行心理健康教育，有助于塑造大学生优秀的心理素养，推动其身心和谐发展和全面素质提升。在开展大学生心理健康教育的过程中，教师为提高教育效果，应当对与心理健康教育相关的理论知识、方法、技术以及手段等有深刻的理解，并形成自身的理论素养，以便于更加科学、系统地开展大学生心理健康教育工作。本节主要对大学生心理健康教育的主要理论进行较为深入的探究。

一、精神分析理论

（一）精神分析理论的产生与发展

精神分析理论流派属于心理动力学理论的一种，是在长期精神病临床实践过程中发展起来的。19 世纪末 20 世纪初，奥地利心理学家西格蒙德·弗洛伊德（Sigmund Freud）创立了精神分析理论学说。弗洛伊德认为，人格或人的精神可以分成本我、自我和超我三个部分。

卡尔·荣格（Carl Gustav Jung）是精神分析学派的另一位代表人物。荣格的人格结构理论与弗洛伊德的人格结构理论在本质上是相同的。他把人格分成三个层次，即意识、个人潜意识和集体潜意识。其"集体潜意识"的含义与弗洛伊德的"本我"含义基本相同。

对弗洛伊德和荣格关于人格的理论进行分析，我们可以看出，精神分析学派十分重视潜意识与心理治疗，该学派的学者扩大了心理学的研究领域，并获得了某些重要的心理病理规律，但他们的一些主要理论遭到了许多人的反对。

20 世纪 30 年代中期，以沙利文（Sullivan）、霍妮（Horney）、弗洛姆（Fromm）为代表的一批心理学家提出了新精神分析学，强调了文化背景和社会因素对精神病产生和人格发展的影响，形成了新的精神分析学派。新精神分析学派保留了弗洛伊德学说中的一些基本观点，认为在影响人格和精神的主要因素中，个体潜意识的驱动力和先天潜能仍然是起主要作用的因素。

（二）精神分析理论的主要观点

1. 人格结构理论

弗洛伊德的人格结构理论主要包括本我、自我、超我三个部分。

本我是最原始的、与生俱来的、潜意识的结构部分，代表本能和欲望，它追求直接的、绝对的和立即的满足，往往不计后果，其目的是使个体释放紧张和焦虑，获得快乐。

自我是心理学中的一个重要概念。自我可通过感知、思维、决策和行动来处理个体与外部世界之间的关系。它负责平衡本我（代表原始欲望和冲动）和超我（代表道德和社会规范）之间的冲突。自我主要受现实的限制和社会要求的影响，能以合适的方式满足本我的需求，同时也能符合超我的要求。除了满足个体基本的生理和心理需求外，自我还具有防御机制的功能，可处理冲突和压力。

超我是在个体的社会化过程中形成的，它能内化社会和文化中的道德规范、价值观和社会要求。超我以其内在的良知和理性特质为基础，能对个体的动机、欲望和行为进行有效的管理和规范，以满足社会的期望和规范。它要求个体摒弃一切可能引起自我良心不安、内疚及罪恶感的思想和行为，可促使个体向理想的状态努力，最终形成完善的人格。

从整体上来说，如果人的本我、自我与超我三者之间不能协调发展，就会引发个体内心的冲突，导致心理失常。这也就是说，只有本我、自我与超我的协调发展，才能构成一个完整、健康的人格。

2. 人格层次理论

弗洛伊德将人类的心理过程划分为意识、前意识和潜意识三个方面，这三方面共同构成了心理活动的核心。

意识，指个体对自身和周围环境的知觉和体验，它包括我们主动关注、思考和感知的内容，以及我们能够回忆和表达的内容。

前意识，是精神活动的一个重要组成部分，指的是那些个体在当前时刻无法察觉的经验，但经过努力的思考，仍然能够回忆起的那一部分经验。

潜意识，是一种无法感知的精神状态，它由最初的冲动、本能和个体出生后的多种欲望所构成。由于被社会规范所不容，得不到满足，这些欲望通常被压抑到潜意识之中。它们虽然不能被个体本身觉察到，但它们是在潜意识中积极活动的，总是力图渗透到意识中去，以获得满足，从而使个体产生意识和潜意识的矛盾和冲突。

3. 心理防御机制理论

心理防御机制是一种自我保护的心理过程，能够帮助个体处理冲突、压力和焦虑等不愉快的情绪或心理冲突。这些机制可以存在于自我与本我之间，也可以存在于自我与现实之间，同时它也可以涉及超我的影响。

个体的心理防御机制可以帮助个体缓解心理矛盾和冲突带来的痛苦和焦虑。这些机制在不知不觉中运作，可通过调整冲突和欲望，使个体符合超我的监督标准并满足本我的需求，从而减轻焦虑和痛苦。

个体的心理防御机制涉及压抑、投射、隔离、否认、退化、补偿、幽默、升华、合理化、抵消转化、反向形成等多种形式。心理防御机制在个体的日常心理活动中可起到重要的作用。当运用得当时，它能够帮助个体应对压力、冲突和不愉快的情绪，减轻痛苦，并能帮助个体渡过心理难关；然而，当心理防御机制过度或被不健康地使用时，可能会产生负面的后果。过度使用心理防御机制可能导致个体内心的冲突和焦虑积累，干扰个体与自己和他人的真实连接。

（三）精神分析理论在心理健康教育中的应用

1. 自由联想

自由联想是精神分析疗法的重要方法和手段。在弗洛伊德看来，浮现在脑海里的任何东西都不是无缘无故的，都是有一定因果关系的，个体借此可以发掘出潜意识之中的症结。在心理咨询过程中，可以按照如下方法进行操作：在全面了解大学生的基本情况后，心理咨询教师让他们坐在舒适的安乐椅上，畅所欲言，表达内心所想；心理咨询教师坐在大学生的身后或侧面，以便于使大学生情绪放松，没有什么顾虑，对大学生讲话的内容不加评论，只是鼓励其大胆诉说，目的是让大学生将被压抑在内心深处的隐私痛快地诉说出来，从而使心理的重负得以释放，使压力得以缓解，达到心理平衡。在大学生进行自由联想时，心理咨询教师不仅要听到表面内容，还要识别大学生无意识当中被压抑的内容，让它尽量释放出来。

2. 释梦

《梦的解析》是弗洛伊德于1899年出版的著作。在这本书中，弗洛伊德提出了他的梦境解析理论，全面分析了梦及其在人类心理学领域的意义。弗洛伊德认为，梦是一种心理的表达形式，个体潜意识中的欲望和冲突可通过梦境的形式呈现出来。根据弗洛伊德的观点，大学生在睡眠状态下，自我对潜意识的控制相对较弱，潜意识中的欲望得以自由流露。然而，大学生仍然会受到一定程度的自我防御机制的影响，这会导致潜意识的欲望在进入意识之前经过一系列的转化和变形，成为梦像。由此可见，人的梦是有意义的心理现象，梦中所有的物体都具有象征性，在一定程度上反映了人的心理状态。

梦具有潜在内容和表现内容，即隐梦和显梦。通过凝结、置换、视像化和再修饰把原来杂乱无章的景象加工整合而成的梦境，就是梦者能回忆起来的显梦。显梦的背后是隐梦，隐梦是大学生不知道的，他们要经过精神分析家的分析和解释才能对其进行了解。心理咨询教师的任务是通过研究梦的表现内容进行自由联想，来揭示其潜在内容。为了得到梦的潜隐内容，心理咨询教师应要求大学生对其梦中的内容进行自由联想。通过联想，心理咨询教师就可以获得梦的真实意义。在分析过程中，由于阻抗的作用，大学生可能会歪曲梦的内容。由此可见，心理咨询教师只有突破大学生清醒时的防御，才能达到理解梦的象征性的目的。

二、行为主义理论

（一）行为主义理论的背景分析

在 20 世纪初，美国心理学家华生（Watson）在巴甫洛夫（Pavlov）条件反射学说的基础上创立了行为主义理论。后来，心理学界又出现了斯金纳（Skinner）、沃尔普（Wolpe）、艾森克（Eysenck）和班杜拉（Albert Bandura）等行为主义心理学派的主要代表人物及其理论。

行为主义理论认为，人的任何一种行为（包括正常行为和异常行为）都是通过后天学习、训练和培养而获得的，它们是环境塑造的产物。人的心理问题既可以通过学习获得，也可以通过学习改变或消失。行为主义理论主要关心个体当前的行为问题，不重视对个体潜意识冲动的分析，而是强调个体通过学习、训练提高自我控制能力，以达到矫正异常行为和塑造良好行为的目的。行为主义理论只强调人的心理是环境的产物，在一定程度上否定了人的主观能动性，因此它是一种被动的人性观理论。

行为主义理论指出，人类行为动力是一个由多种因素相互作用而构成的十分复杂的系统。在对个体行为进行分析时，不同的人对同一行为的产生会有不同的解释。例如，人的学习过程是个体建立刺激和反应之间联结的过程，而联结是个体通过不断尝试错误而形成的。即学习过程是个体通过不断的尝试，剔除错误行为，保留正确行为，从而获得期望建立的行为的过程。在学习过程中，食物、糖果、表扬和鼓励等强化刺激和电击、批评等惩罚刺激，对个体行为的建立或消除都具有重要的作用和影响。

（二）行为主义理论的主要观点

1. 心理学的研究对象是行为

传统心理学和行为主义心理学在研究对象和方法上存在显著差异。传统心理学主要关注人的心理和意识过程，主要探索人类思维、情感、意识等内在的心理活动。行为主义心理学将注意力放在人的外部行为上，认为行为是可观察和可测量的，它还通过环境刺激和行为间的关系来解释行为。在行为主义心理学中，华生提出了一种行为主义的观点：个体心理或意识被认为是一种内隐而轻微的行为。在华生看来，行为主义是一种彻底的机能主义观点，他认为行为的适应性是检验意识适应性的唯一标准。

2. 个体的行为是由后天环境决定的

关于后天遗传在人的行为中所发挥的作用，华生提出了以下几个观点。

第一，行为可以被还原为一种由刺激引起的反应，而这种反应不可能源自先天遗传，因此行为也不可能是先天遗传所导致的。

第二，人类行为中所有那些似乎像本能行为的方面，实际上都是在社会中形成的条件反应。

第三，行为的表现会受到后天环境的深刻影响，这种影响是无法被任何其他因素所左右的。

3. 心理学的任务是预测和控制行为

华生在行为主义心理学中提出了强调刺激与反应之间规律性关系的观点。他认为心理学应该遵循一般科学的原则，即预测和控制。行为主义认为，个体的行为是外部刺激引发的结果，行为的形成和改变取决于有机体所受的刺激。行为主义理论中的核心概念是"刺激—反应"，即刺激引发特定的反应。华生主张，反射是一种最基本的刺激，它能够引发一系列的反应联结。

4.心理学的研究方法是客观的

内省法是传统心理学的主要研究方法，而以华生为代表的行为主义理论学家认为，心理学的研究方法是客观的方法。这是因为，行为主义者怀疑内省法的精确性，这也是他们在心理学研究对象上否定意识的必然结果。

行为主义理论最常用的研究方法是条件反射法。条件反射法最初是由巴甫洛夫提出的。华生在行为主义心理学中运用巴甫洛夫的条件反射法来研究行为，并认为这是一种使主观经验转化为客观事实的方法。条件反射法使他能够通过观察和测量个体的反应差异来进行客观的行为分析。此外，华生也将言语报告法作为心理学研究的一种客观方法之一。他将言语视为一种反应，因此个体通过听取他人在接受特定刺激后的言语反应来获取信息，并不违反行为主义所坚持的客观原则。

（三）行为主义理论在心理健康教育中的应用

行为主义理论在心理健康教育实践中有着广泛的应用。总的来说，行为主义理论的应用主要体现为以下几种方式。

1.松弛训练法

"所谓松弛训练法，又称为放松训练法，它是一种通过训练有意识地控制自身的心理生理活动，以降低激活水平，改善机体紊乱功能的心理辅导方法。"[①] 松弛训练的目的是改变大学生的肌肉紧张状态，减轻其因此而产生的不适感，以帮助他们应对紧张、不安、焦虑和愤怒等情绪问题。以下是具体的操作步骤。

首先，对于那些存在心理问题的大学生，心理咨询教师可以采用一种渐进性放松法，即在一个安静的环境中采取舒适放松的坐位或卧位，并按照指导语或规定的程序，交替练习全身肌肉的"收缩—放松"，每次肌肉收缩 5~10 秒钟，放松 30~40 秒钟，以达到放松身体的目的。

其次，心理咨询教师要为大学生提供心理支持，以帮助他们体验和感受到紧张和松弛状态，并对二者进行比较和分析。通过反复的收缩和松弛，大学生可以感受到一种紧绷的状态，从而提高其自我调节能力，以达到松弛的效果。

对于在校大学生而言，采用放松训练法可以有效缓解平时紧张和焦虑所带来的心理压力，特别是在考试前，运用该方法能有效减轻自身的负担。

---

① 胡永萍，等.学校心理健康教育（第二版）[M].广州：中山大学出版社，2010：86.

2. 冲击疗法

冲击疗法是一种常用的心理治疗方法。该疗法主要适用于大学生缓解因心理问题而产生的焦虑、恐惧和创伤后的应激障碍等不适情况。冲击疗法的核心理念在于利用暴露效应，即通过反复暴露于焦虑的环境中，大学生可逐渐减少对这些环境的惊恐反应。具体操作方法如下。

首先，在开始冲击疗法之前，心理咨询教师会对大学生进行评估，了解其具体情况，包括症状、恐惧或焦虑的触发因素等。

其次，向大学生解释冲击疗法的原理和过程，心理咨询教师可能会使用不同的方法让大学生接触自己感到焦虑或恐惧的情境。这样做的目的是让大学生经历和逐渐适应恐惧刺激，以减少对它们的恐惧反应。在训练过程中，心理咨询教师会要求大学生高度配合，即在曝光情境中保持面对和继续参与。

最后，通过反复暴露于引起焦虑恐惧的刺激情境中，并且确保大学生恐惧的可怕灾难没有发生，使大学生可以逐渐学会面对并应对自己的恐惧和焦虑反应。通过反复的训练，大学生可以逐渐缓解焦虑和恐惧，从而促进心理状态的稳定和恢复。魔鬼训练法就是一种使用冲击疗法原理的训练方法。

在实施冲击疗法或类似的训练方法时，大学生最好寻求经验丰富的专业教师的协助和指导，以确保治疗过程安全和有效。

3. 系统脱敏法

脱敏是可以减少或消除个体对特定事物、人或环境的过敏反应，从而提高其对环境的适应能力的一种有效的方法。系统脱敏法，也被称为交互抑制疗法。1958 年，沃尔普首次提出了这一方法。系统脱敏法的根本原理在于构建一种不兼容的反应机制，以减少或消除个体对特定物质的过敏反应。其具体操作方法和步骤如下。

首先，通过引导大学生逐个松弛和放松身体的不同肌肉群来学习肌肉放松技能。大学生可以通过深呼吸、主动肌肉松弛等方法来实现身体的放松。

其次，心理咨询教师与大学生合作，确定一系列引发焦虑反应的刺激，并将其按照从最轻微到最强烈的顺序排列。

最后，大学生在放松状态下，开始想象或逐渐接触第一个造成焦虑的刺激，同时保持肌肉的松弛。如果大学生感到焦虑或紧张，心理咨询教师可以帮助他们回到较轻微的刺激水平，并继续进行练习，直到不再出现焦虑反应。一旦大学生能够在某个刺激级别上保持放松而不出现焦虑反应，心理咨询教师可以逐渐提高刺激的强度，继续帮助大学生练习松弛和想象。

4.厌恶疗法

厌恶疗法作为一种心理治疗手段，能将不愉快的刺激与适应不良的行为相结合，以达到减少或消除不良行为的效果。其基本原理在于通过施加惩罚来减少或消除个体的不良行为，并试图通过条件反射的方式来改变个体的行为。

在心理健康教育和心理辅导领域，心理咨询教师通过运用想象力引发反感的技巧，能够唤起大学生对某些不良行为或情境的反感反应，以减少或终止该行为。这种方法通常涉及心理咨询教师或心理健康辅导员通过口头描述让大学生想象一些令人厌恶的情境。通过细致的描述和引导，大学生可以想象自己置身于某种不愉快、不愿意接受的情境中，并且感受到不舒服或恶心的感觉，从而期望达到减少或中止不良行为的效果。

厌恶疗法是一种惩罚性的方法，带有一定的非道德性，心理咨询教师或心理健康辅导员在使用该方法时应事先征得大学生的同意。

三、人本主义理论

（一）人本主义理论的背景分析

人本心理学是由美国心理学家亚伯拉罕·马斯洛与卡尔·罗杰斯（Carl Rogers）在 20 世纪 50 年代创立的。罗杰斯是人本心理学的主要代表人物之一，他以"当事人为中心"的心理疗法而驰名。由于人本心理学兴起的时间比精神分析学和行为主义学说晚，且在心理学界的影响和作用没有后两个学派大，故它被称为现代心理学的第三势力。

马斯洛认为，人类行为的心理驱力不是性本能，而是人的需要，他将其分为七个层次，依次是生理需要（如吃饭、穿衣、住宅、医疗等）、安全需要（要求劳动安全、职业安全、生活稳定、希望免于灾难、希望未来有保障等）、归属与爱的需要（又称社会需要，指对友情、信任、温暖、爱情的需要）、尊重的需要（包括自我尊重、自我评价以及尊重别人）、认识需要（又称认知与理解的需要，指个人对自身和世界的探索、理解及解难需要）、审美需要、自我实现的需要（最高等级的需要，是一种创造的需要）。他还提出了高峰体验和自我实现的观点。

罗杰斯认为，每个人都具有自我实现的欲望和内在的积极向上的动力。个体的健康状态代表着其人格的完整性和人性的全面发展，而病态状态则是健康人格的异化表现。存在心理问题的大学生并没有失去自身固有的潜能，心理咨询教师要相信大学生的自我指导能力，创造有利于求助者发挥潜能的良好氛围。从这个角度来讲，人本主义理论是积极人性观的体现。

（二）人本主义理论的主要观点

1. 需要层次论

马斯洛把人的需要分为两种类型：缺失性需要和成长性需要。缺失性需要是与人的本能相联系的，是一个人生存所必需的，它主要包括生理需要、安全需要、爱与归属的需要以及尊重的需要；成长性需要不会为人的本能所支配，它以发挥自我潜能为动力，它主要包括求知的需要、审美的需要和自我实现的需要，这类需要的满足往往会使人产生极大的快乐。这七种需要构成了不同的层次，是可以激励和指引个体行为的力量。层次越低的需要，它的力量则越强。随着需要层次的提高，个体需要的力量就会逐渐变弱。越是高级的需要，就越是人类所特有的，只有人类才有自我实现的需要。

马斯洛认为，满足高级需要必须以满足低级需要为前提。但是，他并没有完全将两者对立起来，他认为人的高级需要产生之前，低级需要只要部分得到满足就可以了。他同时指出，这种需要的产生只是一种一般模式，还存在许多特殊的情况。那些高级需要得到过满足的人通常会愿意为高级需要的满足而忍受低级需要的缺失。比如，有崇高理想的人一般不会对自己的生理需要和安全需要考虑太多，他们为了追求理想和事业会愿意作出极大的付出，甚至愿意为之付出生命。另外，个体对需要的追求也会表现出不同的情况，例如有的人对爱与归属的需要超过了对安全的需要，他们只有在爱与归属的需要得到满足后，才会感觉到真正的安全。

在现实的社会生活中，一般人们的缺失性需要基本都能得到满足，但是只有一小部分人的成长性需要能够得到满足。这种满足只是相对的，人类的成长性需要永远得不到完全的满足。在日常生活中，我们可以发现，越是有知识、有能力的人就越会感到自己的能力不足，这是因为他们的知识面的半径越长，所感知到的未知世界也就越大。

2. 自我实现

自我实现是个体不断提高自身能力、追求个人价值和人生目标的过程，它要求个体通过实践活动中的不断发展和成长来满足内在需求。

马斯洛主张，个体对于实现自我潜能和达到个人巅峰的渴望，被称为自我实现的需求。只有通过不断追求自我实现的需求，个体才能充分发挥自身的潜能，从而实现、维持并增强其能力。人格的形成是通过个体内在的自我压力，也就是追求自我实现的需要来推动的。马斯洛强调了自尊的重要性，他认为，自尊的形成是建立在无条件的尊重基础上的。只有当个体受到来自他人的无条件尊重，个体内部才会产生自尊感。当个体的自我发展条件得到充分满足时，他们将能够根据真实的自我进行行动，从而释放出自身的潜能，成为一个具备自我实现者和心理健康的个体。根据人本主义心理学家的观点，自我实现者能够以一种开放的心态对待他们的经验，他们的自我概念与整个经验结构可形成一种和谐的一致性。他们能够体验到毫无保留的敬重和自我尊重，同时也能够与他人建立和谐的人际关系。

马斯洛认为自我实现是教育的终极目标。教育者应该提供一个适宜的环境，以激发学生的潜能，使其得以充分发挥自身的潜力和才能。马斯洛将教育看作引导和促进个体成长和发展的工具，不主张将知识灌输给个体。他建议教育者要创造一个安全、自由和温暖的教育环境，为个体提供最有利的条件，让他们能够自主探索、发掘自己的潜能。

3. 高峰体验

马斯洛在对一些有相当成就的人进行调查时发现，人在自我实现过程中，有时会产生一种特殊的情感体验，这种体验可给予人内在的满足和成就感，使他们感觉达到了个人能力的巅峰。马斯洛把这种感受称为高峰体验。高峰体验往往是一种令人心潮澎湃、充满愉悦和充实的情感体验。在高峰期间，人们会感受到自身的智慧和能力得到了充分的发挥，从而实现个人的成长。这种体验被认为是个体自我实现和超越自我的一种重要标志。

在高峰体验过程中，个体通常会处于一种忘我的无忧无虑的心境中，能消除畏惧的干扰，趋向积极的追求，因而他们容易获得成功。马斯洛认为，高峰体验是不常出现的，但又是多数人都曾有过的。它在科学和文艺的创作中，很容易被激发出来，能使人完全感受不到畏惧、焦虑、压抑、防御，同时抛弃克制、阻止和管束。但是，个体高峰体验的时间和次数都是有限的，个体如果在遇到高峰体验时能充分利用它，那么就会有创作和新发现。

4. 当事人中心理论

当事人中心理论是由美国心理学家罗杰斯提出的。这一理论强调个体的积极性、奋发向上的潜力以及自我肯定的重要性。个体的自我结构是其对自己的认知、价值观和世界观的内部构建。个体需要通过经验来创造和维护自我结构。当个体的经验与其自我结构不一致时，他们可能会出现内心的歪曲和否认。这种歪曲和否认也许是无意识的，但会影响个体对现实的感知和处理方式。个体对其经验进行持续的歪曲和否认，可能会阻碍其成长和个体化的发展。这种阻碍可能导致个体适应困难、心理病态或者其他负面心理状态的出现。

根据罗杰斯的观点，当求助者处于一个温暖、支持和无条件积极关注的环境中时，他们可以获得更深层次的自我理解和成长。在这样的环境中，他们会感受到治疗者对他们的真正关注和接纳，这有助于他们实现自我探索、发展和变革的愿望。罗杰斯强调了人际关系的重要性，鼓励治疗者与求助者建立更平等和合作的关系，以促进求助者的成长和发展。

（三）人本主义理论在心理健康教育中的应用

在人本主义治疗理论中，治疗关系是治疗过程中最重要的环节。人本主义治疗主要是围绕治疗关系而展开的，其主要方法是当事人中心疗法，其关键是为大学生创造一个真诚、共情、尊重的人际氛围。

这里所说的真诚，是指心理咨询教师的表现应是"真我"，不应对大学生有任何虚伪和防御，不应戴假面具，要心口一致、言行一致。心理咨询教师应把自己当作普通人来与大学生交往，对大学生负责，这有助于大学生成长。当然，真诚不等于说实话，对于在心理和咨询过程中的一些有害于大学生或有损于咨询关系的话，心理咨询教师一般不宜直接表达，而应婉转、含蓄。

所谓共情，就是指心理咨询教师应深入了解大学生特有的感情和想法，应设身处地地理解大学生的感受、思想、观点和看法。在咨询过程中，心理咨询教师还应借助自身的知识和经验，把握大学生的体验与其经历和人格之间的联系，运用咨询技巧，把自己的共情传达给大学生，以影响大学生并获得反馈。心理咨询教师在表达共情时要善于使用身体语言，如运用目光、面部表情、身体姿势、动作变化等，这比言语表达更简便而有效。

所谓尊重，是指心理咨询教师面对大学生时应表现出真诚、热情、关心、喜欢和接纳，即使在大学生状态很差时，心理咨询教师也不能表示出鄙视或冷漠，要尽量给大学生营造出一种安全的氛围、宽松的环境。在心理咨询过程中，尊重包括多方面的内容。心理咨询教师应该接纳大学生的优点和缺点，而不是仅接受大学生的光明面，排斥其消极面，要接纳一个价值观和自己不同甚至差距很大的大学生，并与之平等交流。心理咨询教师对于大学生讲述的秘密、隐私必须予以保护。除此之外，尊重是建立在真诚的基础上的，一味地迁就不一定能帮助大学生。心理咨询教师在咨询关系已经建立的情况下，应适度表达对大学生言行的看法，帮助其摆脱困扰。

第二章 大学生心理健康教育的主要内容和发展趋势

本章为大学生心理健康教育的主要内容和发展趋势，主要介绍了三个方面的内容，依次是大学生心理健康教育的覆盖内容、大学生心理健康教育方式的发展、大学生心理健康教育的发展趋势。

第一节 大学生心理健康教育的覆盖内容

一、大学生网络心理健康教育

进入 21 世纪，互联网技术突飞猛进，网络技术已经被广泛应用到各个领域，网络给我们带来了前所未有的便利，我们可以利用网络购物、阅读新闻、办公、社交等，网络已经成为我们日常生活中的重要组成部分。但是，任何事情都有双面性，网络技术也不例外。由于大部分大学生社会经验和生活经历欠缺，他们很难辨别网络中的不良信息，容易受其影响，而大学阶段也是他们心理发育走向成熟的阶段，所以加强网络环境下大学生心理健康教育尤为重要。目前很多高校已经充分认识到网络环境对大学生心理健康的影响，引导大学生正确利用网络准确辨识不良信息已经成为大学生心理教育的重要研究课题。高校要探索出一套完整的网络环境下大学生心理健康教育体系，提高大学生心理健康素质。

（一）网络环境下大学生心理健康现状

网络是大学生进行学习、科研、娱乐和社交的重要工具，大学生可通过网络了解外部世界。大学阶段正是大学生世界观、人生观和价值观形成的重要阶段，他们的心理容易受到网络中各种复杂信息的影响。大学生网络环境下的心理状况主要表现为如下几个方面。

1. 盲目好奇

大学生处在心理素质形成的重要阶段，他们有强烈希望了解外面世界的愿望，但是由于缺乏经验和阅历，他们很容易受到周围环境的影响。随着网络技术的发展，网络包含的信息量越来越大，已经成为大学生了解外部世界的重要方式。他们怀着强烈的好奇心在复杂的网络环境中获取新的信息，而这些信息中充斥着大量的不良内容，由于大学生还不具备辨别复杂信息的能力，在接受新鲜事物过程中，他们极易受到不良信息的影响，例如网络诈骗、淫秽信息等不良内容。

2. 感情空虚

当今社会生活节奏越来越快，人与人之间的交流和沟通越来越少，大学生从父母身边来到一个陌生的环境，许多人因为过分依赖父母、人际交往能力差，难以适应新的环境，从而感到内心不安和空虚。网络作为一个虚拟的世界，成为他们释放自我、寻找情感慰藉的平台，久而久之，许多大学生沉迷于网络而不能自拔。

3. 自卑心理

现阶段我国贫富差距还很大，每个大学生的家庭条件不尽相同，许多学生因各种原因学习和生活中会产生自卑心理，不愿和他人交流，压抑自己的感情，喜欢一个人独处。网络对他们来说是一个陌生的世界，在这里没有嘲笑和自卑，他们可以肆意地放纵自己，从而获得心灵的解脱。

（二）加强大学生网络心理素质的培养

心理因素是导致大学生沉迷于网络的重要原因之一。对于大学生在网络世界中所遭受的心理负面影响，教师提供有针对性的指导和采取有效的疏导措施是至关重要的。

1. 加强网络认知教育

很多大学生由于缺乏对互联网的全面认识，导致他们不知道如何有效利用信息和辨别海量信息的优劣。为了解决这个问题，教师需要在认知层面引导大学生妥善利用网络资源。除了认知层面的引导，教师还可以通过专业知识和技能的培训，帮助大学生更好地应对互联网给大学生带来的挑战。

2. 培养网络自我教育的能力

随着互联网的普及，大学生在面对海量的网络信息时需要具备较高的鉴别能力和自控能力。互联网给人们带来了无数的信息和资源，但同时也存在着文化侵蚀、虚假信息等问题。这就要求大学生能够分辨和筛选出有价值和可信的信息，同时筛除有害和虚假的信息。自我教育不是放任自流，教育工作者在这个过程中扮演着重要的角色。他们应该积极介入网络教育，为大学生提供积极的引导和支持。值得注意的是，有关调查显示，大学生年级的高低与上网率成反比例关系，即一、二年级大学生上网比例最高，而处于毕业阶段的大学生所占比例非常低，这说明低年级的大部分学生由于刚脱离课业繁重的高中生活，可支配时间变多又对网络世界处于新鲜、好奇和狂热期，加之不成熟的心理及离家在外的孤独感，他们时常与网络为伴；而高年级的学生由于心理日趋成熟，以及面临学业压力、就业压力，对网络失去了低年级时的狂热。因此，大学生网络自我教育的开展应把握住一、二年级的关键时期，防患于未然。

3. 重视网络时代大学生闲暇生活教育

把人的生活放在时间维度予以考察，大致可以将其分为三部分：生理时间、学习工作时间和闲暇时间。闲暇时间是个人身心放松、陶冶情操、开阔视野、丰富生活按自己意愿支配的自由时间。闲暇生活是每个人生活中重要的组成部分，是个体促进身心健康、提高生活质量必不可缺的重要因素。许多相关调查研究表明，一部分大学生的闲暇生活已主要被网络空间所占据。上网是当代大学生打发课余闲暇时间的一种主要的娱乐休闲方式。由于个人自控力等原因，一些大学生在网络上的行为已经失控。当大学生在学业中缺乏自我认可时，他们可能会倾向于通过参与其他活动来追求满足感和充实感。这包括参与体育、文艺、社会活动等。而一些大学生可能会沉迷于虚拟世界中所谓的成功、自信、尊重和满足感，这种沉迷可能导致他们无法自拔，进而产生一系列网络行为失控的问题。大学生的身心健康成长离不开积极的休闲教育，积极的休闲教育能够激发他们的兴趣和爱好，促进其身心健康的发展，为他们未来的职业生涯奠定坚实的基础。而缺乏明确的计划和目标的闲暇生活，可能会导致个人情绪低落、道德沦丧，甚至出现不良行为和犯罪倾向。因此，大学生的积极休闲教育显得尤为紧迫和必要。

二、大学生生命教育

（一）对大学生生命教育的思考

自 20 世纪 60 年代美国"生命教育"理念兴起以来，世界各个国家和地区纷纷开展生命教育活动。生命教育开始在世界范围内流传并日益彰显出其重要的作用。随着科技生产力的高速发展，人类社会不断前进，我们的物质和精神生活都有了显著提高，征服自然的能力也明显改善。但是，随之而来是，人类也遭遇了各种挑战，如环境问题日益凸显、自然灾害频发、资源短缺迫在眉睫、人口急剧增多、地球不堪重负，等等。另外，世界也并不和平，在局部地区，战争的阴影从未散去。还有的地方，一直处于贫困线以下，疾病高发，人们忍饥挨饿。再加上高发的社会矛盾，这些都直接或间接地威胁着人类的生命。于是，生命教育的重要性越来越多地被有识之士提及，以期唤醒人类对生命的正确认识，尊重生命存在的价值和意义。因此，开展生命教育逐渐成为社会发展的必然趋势。

20 世纪末期，中国台湾的一些社会人群为了引起人们对生命的重视，开始在学校教育中推广生命教育，并将 2001 年定为"生命教育年"。20 世纪 90 年代，生命教育被逐步引入大陆，并成为中国大陆教育界、哲学界和社会学界共同关注的热点话题。但直到 21 世纪，中国大陆的大学生生命教育研究才开始受到广泛的关注和认可。大学生面临的生命困境和迷茫与时代背景有着紧密的联系。随着科技的进步和经济的发展，大学生们面临着空前的机遇，但同时也面临着巨大的竞争压力和各种挑战。随着现代科技的迅猛发展，社会环境正在经历着翻天覆地的变革，尽管科技的不断进步给人们带来了经济的繁荣和物质生活的改善，但也不可避免地引发了环境破坏和资源枯竭等现象。在面对如此错综复杂的社会现实时，大学生需要思考和追寻生命的存在意义。在现代社会中，面对海量的信息和文化的多样性，人们容易迷失在追求名利和物质享受之中，陷入价值认同和品德认知的两难之中，从而导致内心产生困惑和迷茫。社会体制的转型也对大学生产生了深远影响。在我国推进社会主义市场经济转型和建设的进程中，年轻一代的大学生面对着一系列全新的挑战和变革。社会价值观念的多元化使得大学生在面对不同的价值观时产生困惑，社会的思想观念在转变，传统观念正在受到挑战，社会贫富差距的扩大给大学生带来了压力和焦虑感。

（二）生命在意义中安居

1. 人类生命的三重维度

生命是一个有机联系的复合体。人类的生命有自然生命、社会生命和精神生命三重维度。

自然生命：生命首先是一个自然赋予的物质存在，即自然的、生理性的肉体生命。自然生命是人类得以存在发展的首要物质前提和基础，脱离了自然生命，人类就失去了生命得以存在展现的物质载体，而异化为想象中的"上帝"或"神灵"。当代社会，许多人表现出对物质享受的过度追求与摄取，其实，这也是人之物质自然的极端表现。

社会生命：人总是处于一定的社会关系中，并承担一定的社会角色和责任。人的社会生命意味着人有对社会权势的渴望、对社会地位的关注、对社会关系的重视、对社会期望的回应，也意味着人所必然承担的社会责任、社会义务、社会道德、社会规范、社会良心。人类的自然生命和精神生命会受到社会生命的制约和影响，这种影响决定了生物本能的冲动和释放，同时也限制了个体精神生命的自由和秩序。

精神生命：人是有意识的存在物，具有精神生命。有意识的生命活动可把人同动物的生命活动直接区别开来。精神生命的存在使人超越了动物的本能，而获得人性的自由和尊严。人的精神生命是一个相对于自然生命和社会生命而言，表现于主观意识层面的理性的认知、丰富的情感及坚决的意志追求。正因为有着精神生命的存在，人们才会超越尘世的繁杂而执着于生命意义的思考和追问，才能在精神富足、生命自由的向往追求中感受快乐和满足，才能在精神守望与理想追寻中固守坚韧与恒久。《论精神》中的观点很有启发性，它的作者爱尔维修（Helvétius）指出，人的精神发展水平是衡量人的发展高低的主要标志，而人与人之间的差异主要源于精神发展的差异。我们之所以存在，是因为我们拥有一种精神上的生命，这种存在在当前的时代仍然具有重要的意义。此外，人类还能够超越当前的存在，追求更理想的存在。这些追求使我们超越了局限于当前现实的思考，激发了我们的想象力和创造力。人是精神的存在，人性区别于动物性的高贵之处就在于人的生命具有高于生命的意义和目的。一个人深陷于无尽的欲望之中而失去个人理想和信念，便会感受到存在的虚无和精神的萎靡。人类的存在不仅仅是为了满足基本的生理和物质需求，更是为了追求更高层次的精神需求。当一个人追求精神生命的存在，超越了单纯满足动物的本能欲望时，他能够获得人性的自由和尊严。通过追求更高层次的精神需求，人们可以体验到真正的快乐、幸福和满足感。

2. 生命在意义中安居何以可能

"生命意义是什么？"和"生命的存在对我有什么意义？"是两个十分相似却又有着截然不同意蕴的问题，前者是一个更为绝对性的问题，涉及生命本身的存在和意义；后者则更多地关注个体的视角和人类的经验。生命对个人来说不仅仅是简单的生存或满足基本需求，还意味着对物质和精神层面的超越、对社会的贡献和参与、对自我价值的认同和实现。

"人不仅仅为了面包而活着"，人要讲究活着的意义和价值。对此，很多人存在一个误区，以为只有作出了具体而显赫的物质和精神产品贡献才是生命意义的体现。其实，每个人可以向世界提供的有价值的东西是非常多的，对万物生命的尊重、对亲人朋友的关爱、对生活目标的执着、对艰苦环境的超越，或者一个农民生产出粮食，一个工人生产出机件，一个教师培育桃李满天下，一个学生保持乐观向上、勤俭节约的精神，在本质上都是一样的，都能为自己的生命赋予崇高的意义。生命意义是关于生命的积极思考和追求。

而安居自然是一种生存状态，透射着一种舒适与自在、轻松与安享。对于追求精神幸福与心灵自由的人来说，安居并非简单占有一个住处，它更是一种精神层面的栖居与安宁，其本质应是生活的和谐与精神的自由。安居是一种能够感受个体价值存在的幸福体验；安居蕴含着生命三维的协调相融，指向人与自然、人与社会、人与自身的共在与相融；安居是指属于人性彰显与本质需要的精神自由与心灵惬意的自在存在。人是寻求意义的动物，无法忍受无意义的生活。弗兰克尔（Frankl）指出，人们对生命意义的探寻是生活的基本动力。人生是有意义的，而健康的人便生活在对生命意义的追寻和实现中。弗兰克尔坚信，人有寻求意义的需要，无论生活在多么恶劣的环境中，即使在像集中营那样极端悲剧性的环境中，人都能为自己的存在寻找出意义。而人一旦具有生存的意义，就能健康地生活。面对现代西方社会普遍存在的精神空虚现象，弗兰克尔深刻地指出：当代人已不再像弗洛伊德时代那样面临性挫折，或如阿德勒所言的自卑感，当代人面临的是生存挫折，即彻底的无意义、空虚、无目标和漂浮感，为应付这种生活，人们必须为自己的生活发现意义与价值。人在苦难中需要寻找生命的意义，人在优越的生活环境中同样需要追寻生命的意义，否则就都有可能被不同程度的心理问题所困扰。而当代大学生中流行的"郁闷"感觉可以说就是对大学生空虚感的形象概括。

对意义的追寻是人类存在的根本拷问。我们必须认识到，生命的意义在于超越罪恶、混乱、虚夸和躁动，让我们在这个纷繁复杂的世界中找到诗意的栖息之所。人们对于生命意义的不同理解是个人价值观念的展现。而意义可以被划分为一般社会标准的生存意义和自我生活意义，但每个人在追寻和确立自己的人生意义时都以内在价值认可为准绳。当个体的内在价值与外在社会规范相互融合时，人们会感受到明确的目标、积极主动的态度以及内心的充实。然而，如果个人背离了自己的内心意愿，被外界所驱使去追求所谓的人生意义时，他很可能会对此产生否定或回避的情感，陷入一种迷茫、混乱、郁闷、空虚、烦躁和无从选择的低谷状态。由于此种情形与人类存在的实际情况不符，对于追求意义而言，它是一种精神上的自主选择。在当前社会转型时期的市场经济建设中，人们对于生命意义的追求呈现出越来越多元化的趋势。由于多元化的意义取向，许多人的心理状态出现了失衡，他们一方面渴望坚守自己认可的人生价值观，但另一方面又受到外在标准的制约。在这种矛盾的挣扎中，若缺乏一定的自我调节、自我认可和自我认同能力，个人的生命意义可能会被外在的意义所否定，从而否定其当前的生存状态，甚至可能对生命本身进行否定。许多人寻求心理咨询，也许并不是出于某一明显的身心病症，而是出于对人生的绝望，出于自我存在意义的混乱和受挫。这种混乱和受挫必将导致人的存在的虚空。

三、大学生婚恋心理健康教育

（一）大学生婚恋教育是时代发展的必然选择

对于大学生而言，恋爱和性教育一直是一个不断更新的话题，虽然有许多相关专著和研究探讨了大学生心理健康教育，但真正涉及婚姻家庭方面的恋爱和性教育的研究比较少。或许是大学生的关注点主要集中在学业和个人成长方面，他们对于婚姻家庭教育的需求并不十分迫切，因此导致了这种情况出现。然而，随着社会的演进和人们观念的转变，大学生对于婚姻和家庭的观念也在逐步演变。2005年3月，教育部发布了《普通高等学校学生管理规定》，该规定废除了高校对在校大学生结婚的限制，取消了学生在结婚时需要办理退学手续的要求。高校对大学生结婚问题的限制在这一次变革中得到了彻底的解除。高校所采取的措施体现了其对大学生成人身份的尊重，这意味着在校期间，学生享有自主决定婚姻事宜的权利。高校管理制度的合理性和与时俱进的特点在新规定中得到了充分体现，同时与《中国人民共和国教育法》《中华人民共和国高等教育法》《中华人民共和国婚姻法》等相关法律法规保持一致。解除大学生结婚的限制并不意味着鼓励学生滥用这种权利，而是表达对大学生作为成年人的尊重与信任，认为他们有能力理性行使自身的权利。当然，在实施新规定时，学校的管理可能会面临一些新的问题。这种问题并不应被看作是一种负面的影响，而是对学校功能和职责的认识与定位的一部分。学校管理制度应不断适应社会变革和学生需求的变化，确保学生的权益得到保障，同时为他们提供良好的学习和成长环境。在教育领域中，学校扮演着引领学生成长的角色，而学生则是在接受教育的过程中扮演着被塑造的角色。学校应该尊重学生的基本权利，不干预其个人生活方面的决策，并专注于履行教育的职责。随着社会公共管理职能的不断完善，学校的社会职能或将逐渐分离，从而使其更加专注于教育事业。这种改革思路意味着高校将一些非教育方面的职能交给其他机构来处理，从而减轻学校的负担，使其能更好地履行教育使命。

结婚涉及许多实际条件和个人选择，因此大学生结婚的决策仍然需要慎重考虑，并综合各方面因素来作出判断。这种婚姻解禁的变化提醒我们需要更加重视大学生的婚恋教育。婚恋教育可以帮助大学生了解婚姻的责任和挑战，也可为他们提供情感交往的指导和支持，让他们具备更好的婚姻决策能力和婚姻生活的适应能力。禁婚令的解除会在潜移默化中固化大学生对于性亲密活动的应当与正当的观念，有可能使大学生的同居行为、婚前性行为以及恋爱等活动显著增多。虽然说教育行政部门把婚姻主动权赋予了大学生，但学生在校期间因对于恋爱、婚姻、家庭观念的模糊，因恋爱性行为增多而产生的心理冲突、焦虑抑郁、偏激行为等心理健康问题的突出与尖锐却很难与学校脱离干系，需要高校予以及时性、前瞻性的关注、重视与引导。许多资料表明，在大学生前去进行咨询的内容中，有关恋爱及性问题的内容占了 1/3。而且，长期以来大学生恋爱教育的事实表明，单纯地从理论上对大学生进行孤零零的有关友谊与爱情、树立正确的恋爱观、恋爱与学习、恋爱与性等知识的介绍，其教育实效并不理想，如果教师能从婚姻家庭所内含的责任、义务与道德出发，联系社会上婚姻家庭实际来阐释爱情的实质、性爱的影响、大学生恋爱中的责任与义务、婚姻对合法又要合理的诉求等内容，将有助于大学生更好地理解和驾驭恋爱和婚姻。

（二）大学生婚恋教育的内容选择

1. 对爱情本质及社会特性的认识

爱情作为人类特有的一种美好情感，是男女双方彼此倾慕，并渴望对方成为自己终身伴侣的强烈感情，具有高尚性、互爱性、排他性、强烈性等显著特征。根据美国耶鲁大学斯腾柏格（Sternberg）教授提出的爱情成分理论，人类的爱情虽然复杂，但基本上由三种成分组成，即动机成分、情绪成分、认知成分。动机成分表明爱情有其生理的基础，性生理和心理的成熟是产生爱情的基础；情绪成分表明爱情可使人有强烈的情绪体验，即它是一种相互依恋的强烈体验；认知成分则表明爱情有其理性和社会性的一面，它更强调一种对社会的责任和担当。

人的本质在其现实性上是一定社会关系的总和，社会性是人类爱情心理的本质属性。可以说，爱情的萌发、体验和释放都存在于一定的社会关系中，如人的性欲的满足就是在一定的社会制度下、在一定的伦理道德的约束下，通过婚姻的形式来实现的。爱情的社会性本质决定了爱情必然具有道德性、责任性的深层内涵，这也是爱情得以巩固和持久的决定因素。正如苏霍姆林斯基（Suhomlinski）所认为的，爱情绝不是一种代代相传的天生感情，也不仅仅是个人的欢愉，爱情必须用高尚的情操精心地加以培育，爱情是相爱的人之间的一种道德义务和责任，爱情的幸福寓于对人的高度责任感之中。对大学生来说，健康的心态应是既有追求爱情的勇气，又有承担爱情责任的准备。教育者的任务是要善于将人的这种自然属性变为道德高尚的爱情，而不是对其随意讽刺、指责或消极防范、禁止。

2. 对性与爱关系的认识

对于大学生而言，性与爱的关系问题是害羞的、尖锐的，但是这个问题也是无法避免的。随着时代的演进，大学生的性观念已经经历了翻天覆地的转变，多数大学生对婚前性行为现象表示理解，大学生婚前性行为和大学生恋人同居现象开始成为社会关注的焦点。受传统文化的影响，绝大部分学生对性依然是羞涩的、谈性色变的，但西方文化的渗透、传播媒介的暧昧、现实环境的诱惑、生理反应的冲动又使一些大学生对恋爱中的性充满向往并赋予其种种合理性解释，理想标准与现实标准的脱节给处在恋爱中的男女大学生带来了强烈的心理冲突和痛苦，这需要我们给予及时的引导。在现代社会中，大学生婚前性行为及同居的原因多种多样，我们不能简单地用道德观念的冷漠和败坏来谴责此事，需要更深入地思考和分析。尽管在心理健康教育过程中，教师应当充分尊重大学生的自主选择，不应过度干预，但考虑到高等教育的使命和诉求，教育在某些领域应当展现其引领价值的使命。

首先，性与爱密不可分，但性不是爱唯一的表达和必然的结果。对大学生来说，恋爱中对性的必要控制可能更是真爱的表达和对恋人的真正负责。在恋爱关系中的性道德不是简单的性压抑，而是爱的能力的发展和展现。当爱情的纯洁和高尚达到一定程度时，它在追求性结合的过程中所呈现的表现也会相应地减少。

其次，社会主流文化不提倡大学生婚前性行为。受中国传统文化影响，以及出于对大学生个体发展、道德纯洁、身心健康以及社会和谐等多方考虑，社会各界对大学生婚前性行为并不提倡。婚前性行为的发生事实上会对当事人造成沉重的精神压力，影响其学业和身心发展。就社会而言，婚前性行为还有可能给某些道德败坏者可乘之机，破坏社会风尚。

3. 对婚姻家庭的理解

调查显示，由于求学的重任、经济的缺失、父母的反对、求职的艰难等多种因素，多数大学生并不准备在求学期间踏上婚姻的殿堂，而是要先立业后成家，这反映了当代大学生的理性与成熟。

首先，大学生要明确婚姻家庭对个人及社会的重要价值。对于大学生而言，他们对于婚姻家庭的认知主要源自影视媒介的涉猎以及对家庭生活的情感体验，当婚外情、离异等字眼越来越频繁地进入大学生的视野，大学生对婚姻家庭也会产生越来越多的怀疑，"婚姻是爱情的坟墓""家庭是不幸的根源"成为许多大学生的认识，而他们对于婚姻家庭的理解使他们对个人幸福与发展、对社会和谐与进步的重要价值表示否定和不解。

其次，教师要培养大学生对婚姻家庭的责任感。婚姻所代表的是一种强烈的社会性，它承载着伴侣之间相互承诺和承担责任的重要意义。性关系的相互忠诚是婚姻中的重要责任和义务之一，它对于婚姻的幸福和家庭的美满有着重要的影响。在性问题方面，对大学生的开放和性与婚姻分离观念的存在，教师必须进行明确的引导。在谈论性问题时，教师需要强调婚姻的意义和重要性。婚姻是一种基于相互尊重、忠诚和承担责任的合法伴侣关系，这种关系的建立需要双方的共同努力和承诺。婚姻是一件严肃的事情，它不仅仅是一份感情，更是一种责任，需要双方以严谨的态度予以履行。

最后，大学生可以结婚但不适宜结婚。据河北师范大学生命科学学院崔庚寅等人的调查，大多数在校大学生更加注重婚姻权利而非追求婚姻，但仍有一部分学生存在结婚意向。如果在校大学生满足所有结婚必要条件，那么他们结婚的意愿肯定会显著提高。尽管这样的大学生所占比例微不足道，对于大学生群体而言，其心理受到的影响却不容忽视。结婚对于大学生来说是一个重大的决策，需要考虑多个方面。我们必须明确我们的立场，即大学生可以结婚，但不适宜结婚。由于结婚需要一定的心理准备和成熟度，包括解决冲突的能力、承担责任和面对生活压力的能力，大学生又通常处于学业阶段，面临学业的要求和压力，而结婚可能会对其产生额外的负担。对大学生结婚行为的封锁和放任都可能会带来一些问题。

五、大学生职业生涯规划心理健康教育

随着我国高校就业体制改革的深入推进，大学生职业生涯规划指导已成为一项备受关注的教育新领域。然而，我国对职业生涯规划理论的引进相对较晚，这就导致大学生在职业生涯规划实践中可能遭遇一些实际的困难、陷入心理上的误区。推行大学生职业生涯规划指导是我国大学生心理健康教育迈向更加全面、贴近实际生活的崭新阶段的重要举措。

（一）开展大学生职业生涯规划指导的必要性分析

20世纪初，西方国家掀起了一股职业指导运动，旨在为大学生提供职业规划

指导。同时，这一运动也对学校心理健康教育的发展起到了重要的推动作用。弗兰克·帕森斯（Frank Parsons）被誉为职业规划的奠基者，同时他也被称为"心理辅导之父"。在西方国家，大学生职业生涯规划指导已经成为学校心理健康教育中不可或缺的重要组成部分。在中国，大学生职业生涯规划指导的推进相对较晚，但随着人们对心理健康的日益重视以及对综合素质教育的需求，大学生职业生涯规划指导已逐渐成为我国大学生心理健康教育的重要组成部分。

1. 大学生职业生涯规划现状诉求

虽然职业生涯规划的概念在国外较早得到了关注和研究，但在中国，职业生涯规划的理论和实践推进相对较晚。因此，当前大学生职业生涯规划的开展存在许多问题。

首先，大学生可能对职业规划意识的重要性缺乏足够的认识，他们可能认为只要毕业了就能够找到称心如意的工作。然而，事实上，职业规划是一个需要系统性思考和规划的过程。大学生需要认识到个人的性格特点、兴趣爱好、价值观和个人优势，以便制订符合自身实际的职业规划。同时，他们也需要对就业形势有一个准确的判断，了解不同行业的需求和趋势，以便作出更明智的决策。

职业生涯规划需要从大学学习的早期开始，而不是大学生在求职之前匆忙作出规划。此外，部分大学生可能表现出从众心理和急功近利的倾向，他们缺乏理性思考和长远规划，只追求眼前的利益和成果，缺乏对未来的长远规划。

其次，大学生在职业生涯规划方面存在着一些心理上的误区。一方面，在职业选择的过程中，大学生可能会表现出过度焦虑、自卑、依赖、胆怯、攀比和冷漠等负面情绪状态；另一方面，部分大学生对于职业生涯规划的正确认知存在欠缺，缺乏自我意识，他们或许未能领悟到职业生涯的至关重要性，对于自身的职业目标和需求缺乏明确的认知。同时，他们对自身职业的期望过高，在制订职业规划时过于追求短期利益，缺乏对长远规划的深思熟虑。

最后，大学生职业生涯规划指导工作也有待加强。当前，我国高校学子的职业生涯规划指导工作主要聚焦于就业方面，而就业指导的核心目标则在于协助毕业生顺利就业。这与职业生涯规划的实质存在一定程度的差异。高校应该在学生入学时就开始进行职业生涯规划的教育，强化学生对职业生涯的认识和意识，帮助学生了解自己的兴趣和能力，以及与之匹配的职业方向。

2. 职业生涯规划有利于大学生身心健康和最优发展

在大学阶段，大学生面临着一系列至关重要的抉择，涉及学业、社交、职业选择、就业、婚姻和人生价值等方面，这些问题的选择和态度将直接影响到他们的身心健康。大学是一个非常关键的心理发展阶段，大学生在这个时期经历着从青少年向成年人的转变。在这个时期，大学生面临着许多新的挑战和压力，需要独立思考、作出决策，并确定自己的生活方向和职业目标。良好的职业生涯规划对大学生至关重要，它可以帮助大学生更好地了解自己、设定目标、培养决策能力，并为他们的未来职业发展提供有力的支持和引导。根据舒伯（Super）的职业生涯发展理论，大学生正处于探索和建立职业生涯的关键时期，这是一个充满挑战和机遇的时期。在这一时期，大学生开始在校园生活和社会实践中不断探索和尝试提升自身能力，探索各种可能的职业选择，以及实现个人能力和职业的完美匹配。职业生涯规划的目标不仅在于帮助大学生找到一份合适的职业，更在于全面推动他们的个人成长和发展。通过探索生涯和建立探索历程，大学生得以更全面地认知自身的兴趣、价值观、优势和劣势，从而形成更加明晰的自我认知。同时，职业生涯规划也有助于大学生明确自己的职业发展方向和目标，有助于他们制订切实可行的行动计划，从而实现个人职业发展的最大化。职业生涯规划对大学生的心理、认知和职业发展都具有重要的促进作用，它可以使大学生在面对未来的不确定性时更加从容和明智，从而为他们的人生规划提供有力的支持和指导。

职业是一个人追求个人成长和实现自我价值的现实途径，是一个人对自我认知和技能的拓展和升华。对于大学生而言，职业生涯规划的质量不仅关系到其心理健康，更涉及其未来一生的发展方向。大学生正处在个人职业生涯的探索阶段，大学生在个人职业生涯探索阶段应该通过综合分析和权衡，了解自己的兴趣、能力和特点，尝试不同职业角色，并制定合理的职业发展目标。通过合理的职业规划，大学生的个人与职业的契合度将得到提高，可为他们的职业生涯发展带来更广阔的前景。

3. 心理特征与个体职业的双向选择

约翰·霍兰德（John Holland）的职业个性理论为我们理解个人的职业方向选择提供了至关重要的启示。在他看来，职业个性与个人所从事的职业有着密切的联系。霍兰德把职业兴趣分为六个类型：现实型、研究型、艺术型、社会型、企业型和常规型。在大学生的职业生涯选择中，兴趣是一项至关重要的因素，它能够对他们的未来产生深远的影响。个体对于某一特定领域或活动所表现出的强烈情感和好奇心，即兴趣，它是其对该事物的喜好、追求和投入程度的体现。当大学生对某一特定领域或活动表现出浓厚的兴趣时，他们更有可能在该领域中找到与自己相匹配的职业。此外，大学生的职业生涯规划稳定性和连贯性在很大程度上会受到兴趣的影响，这一点不容忽视。在职业规划中，能力也扮演着至关重要的角色。此外，大学生的职业选择会受到其气质类型的显著影响。气质是个体相对稳定的行为方式和情绪反应模式，可对个体在工作中的适应性和满意度产生重要影响。根据霍兰德的职业个性理论，不同气质类型的人可能更适合从事某些特定类型的职业。气质类型可以被分为胆汁质、多血质、黏液质和抑郁质，它们对应着不同的工作偏好和适应能力。个人的职业选择和发展受到其所持有的价值观的深刻影响。价值观是个体内心的尺度和信念，可反映个体对于何种事物、目标、原则、行为等的看重和评价。价值观对于个体在职业生涯中的动机、满意度、目标导向以及职业决策等方面有着深远的影响。大学生在进行职业选择时，应该认真思考自己的价值观，了解自己对工作和生活的核心价值观，以便选择与自己价值观相一致的职业道路。

（二）大学生职业生涯规划指导的内容选择

大学生职业生涯规划指导是帮助大学生在职业方向选择、职业能力开发和职业生涯发展等方面进行有效规划和指导的教育活动。它基于大学生职业心理发展的特点和需求，旨在帮助大学生实现自我潜力的展现，提升职业能力，作出符合个人兴趣、价值观和能力的职业选择，并在职业生涯中有效地发展和成长。从心理健康教育的视角来衡量大学生职业生涯规划指导的内容，我们可做以下思考。

1. 依据大学生心理发展特点开展职业生涯规划指导

心理学研究表明，个体的发展阶段以及心理因素都会对其职业发展产生影响。个体在不同阶段对职业的需求、发展方向和行为方式会有所不同。金斯伯格（Eli Ginzberg）的职业生涯发展理论将个体的职业心理发展划分为幻想期、尝试期和现实期三个阶段，该理论强调了个体职业心理发展的连续性和影响力，早期幻想和尝试阶段的经历和决策会对后期职业选择产生影响。舒伯的终身职业生涯发展理论对于人们理解个体在不同阶段的职业发展过程非常有用。该理论将人的职业生涯划分为成长、探索、建立、维护和衰退五个阶段，并指出个体在每个阶段都有独特的任务和特征。在大学阶段，大学生正处于职业生涯发展的探索阶段，他们兴趣广泛、思维活跃、勇于尝试、渴求发展，并对未来充满期望。这个阶段的大学生往往致力于发展和建立自己的职业身份和导向，探索不同的职业选项，并寻找与自身兴趣、能力和价值观相匹配的道路。然而，大学生在职业生涯发展的探索阶段也面临一些挑战和困惑。他们可能会面临自我评价不足的心理压力，尚未完全确立自己的职业方向和目标，缺乏对职业市场的准确了解和社会认知，情绪变化较快，面对挫折和失败的承受能力相对较低。大学是一个关键的时期，大学生在这个阶段需要作出职业选择和发展的重要决策。因此，高校应该为大学生提供全面的职业生涯规划意识教育，并在不同年级开展有针对性的指导工作。在大学生职业生涯规划指导中，教师需要充分考虑大学生的心理发展特点以及不同年级学生的学习任务和心理发展差异。职业生涯规划指导不能仅仅在毕业学年才开始，而应该贯穿大学生的整个大学阶段。

2. 积极开展职业心理咨询，缓解大学生职业心理困惑

在大学阶段，许多大学生在职业生涯规划和求职就业过程中可能会面临心理困惑和误区。对于许多大学生来说，职业生涯规划是一个全新而具有挑战性的领域，他们需要逐步了解自己的兴趣、技能和价值观，以及了解职业市场的机会和要求。在大学生职业生涯探索的过程中，我们应该为大学生提供关于职业市场和行业趋势的信息，并指导他们如何寻找和利用职业资源，如实习机会、职业导师等；应为大学生提供心理咨询服务，帮助他们建立积极的心态，更好地面对职业发展中的挑战。个别咨询和团体咨询都是在大学生职业心理咨询中常用的模式。个别咨询是一种一对一的咨询形式，即教师通过与大学生个体的沟通和探讨，帮助他们解决在职业生涯探索过程中遇到的困惑和问题。团体咨询则是以分组的形式进行，教师针对同一类别的问题或主题提供咨询和指导。在团体咨询中，大学生可以与同龄人一起分享彼此的经验和观点，互相支持和鼓励。

3. 科学开展职业心理测评工作，做好大学生职业定位辅导

职业定位就是个体为职业目标与自己的潜能以及主客观条件谋求最佳匹配。良好的职业定位是建立在个体对自己的个性心理特征准确把握的基础上的。在职业定位的过程中，个体了解自己的需要、兴趣、能力、气质、性格、价值观等个

性心理特征非常重要。这些特征对于个体确定适合自己的职业方向和职业环境起着关键作用。而个体对自我心理特征的充分了解必须借助于科学的职业心理测评，职业心理测评可以帮助大学生探索和发现自己的职业潜能倾向和职业适宜性。科学的职业心理测评有助于他们更有针对性地选择职业、制订职业规划，并作出符合自身特点的职业决策。职业心理测评只是大学生职业生涯规划的一个步骤，并不是唯一的决定因素。进行职业心理测评时，大学生要确保测评工具和方式的科学性、个性化和差异化，同时注重测评结果的解读和咨询。这样可以提高职业心理测评的科学性和有效性，帮助大学生更好地进行自我探索和职业规划。

4. 以教育发展性为指导，开展持续动态的职业心理辅导

职业发展理论是西方国家职业指导理论之一，它的提出者金斯伯格是美国职业领域的研究专家。金斯伯格认为人们的职业选择不是一次就能成功的，他主张职业选择的过程是一个动态的、不断完善的过程，这个过程与人们的成长和发展有关。在职业选择与定向的整个发展过程中，人们可以将其划分成几个具有特定任务的连续阶段，每个阶段的持续时间并非固定不变，完成当前阶段的任务对于顺利过渡到下一个阶段和实现职业发展目标非常重要。从这个意义上讲，大学生职业生涯指导不仅适用于即将毕业的学生，而且适用于所有大学生。职业生涯指导的目标是帮助大学生建立正确的职业观念，并为其提供终身职业发展的支持和指导。大学生职业生涯指导的教育内容应该以教育的发展性为指导，结合学生的个体差异和年级差异，为大学生提供持续动态的职业心理指导。在这个动态的指导过程中，主要包括三个方面：一是大学生求职择业的心理准备，如对就业的追求与实际情况的差距、兴趣与能力的匹配、稳定与发展的权衡等。同时，为了解决这些问题，大学生形成正确的思想观念也是非常重要的。在大学生的求职过程中，竞争意识和能力的培养至关重要。此外，良好的择业心态的养成也是非常重要的。这些准备将有助于大学生更好地应对就业挑战，实现自己的职业目标。二是大学生求职择业中心理矛盾的指导与调适。大学生在求职择业过程中常常面临各种心理矛盾和困惑，这需要及时调节和指导。高校要为学生提供自我认识的机会，帮助他们了解自己的优势、兴趣、价值观等，从而使其更好地选择适合自己的职业方向。同时，高校要帮助学生明确自己的职业目标，并制订合理的职业发展计划，引导他们在就业市场的实际情况下理性设定期望，避免"鱼和熊掌"兼得的不切实际心态。三是社会适应期心理指导与调适。社会适应期心理指导与调适对于毕业大学生非常重要。在大学生走向社会的过程中，心理辅导可以帮助他们在具体的职业岗位上更好地适应社会环境；可帮助学生形成积极的心态，使其对未来工作环境保持乐观态度；可鼓励他们积极面对挑战和困难，并使其相信自己可以克服困难，实现个人目标和职业发展。每个大学生走向社会的适应时间具有不确定性，这个会根据个人因素发生变化。适应能力较强的大学生能够更快地融入工作团队、适应新的工作要求，并能够利用自身的优势和才能发挥主动性，从而在职业发展中取得更好的表现。适应社会也是大学生整个职业生涯规划得以持续发展的必经阶段。成功适应社会意味着大学生能够更好地应对新的工作挑战，并在职业生涯中不断提高和成长。

第二节　大学生心理健康教育方式的发展

一、大学生心理咨询的发展

（一）心理咨询是大学生心理健康教育的重要内容和途径

心理咨询就是心理咨询教师用心理学的理论和方法，建立一种友好轻松的关系，帮助求助者缓解、解决心理困扰，调节心理状态，促进其心理健康，使其适应当下的生活环境，促进其个性发展与潜能发挥。从现今我国大学生心理咨询的现实情况来看，相关教师主要采用的是个性化心理咨询的形式，同时偶尔也会进行团体心理咨询，这两种形式也是当下心理咨询的基本形式。相比后者，个性化心理咨询的区别性特征在于一对一的咨询模式，求助者多数是情绪持续低落、存在心理问题的大学生，当然他们在大学生群体中仍属于少数。正是因为这种一对一的咨询模式，大学生心理咨询只能帮助到一小部分大学生，难以为所有人提供帮助。然而，教育应该是惠及最广大人群的，其面向的是全体学生，因此高校有必要进一步提升心理咨询服务的可及性和质量。

虽然国际上很少使用心理健康教育这个概念，而是将之称作大学生心理咨询，但是需要明确的是，两者并不是同一个概念。大学生心理健康教育脱胎于心理咨询，但其概念要更加广泛，内涵更加丰富。大学生心理健康教育不像心理咨询那样仅针对面临心理困扰和问题的学生，而是作为教育的一部分，面向所有的大学生。大学生心理健康教育工作包含心理咨询，此外，还有大量课程教学、课外活动，有时候还会超越学校的限制，面向社会、家庭和社区宣传和指导心理健康教育。所以，大学生心理咨询应被视为大学生心理健康教育体系中不可缺少的重要内容和途径之一，我们不能将之与大学生心理健康教育画等号。

（二）大学生心理咨询的发展性价值取向

从高校心理咨询的价值取向来看，主要包括障碍性心理咨询和发展性心理咨询两种模式。障碍性心理咨询针对的是已经存在障碍性心理问题的个体，为其提供帮助、矫正和治疗，更接近于心理治疗的概念；发展性心理咨询更加注重个体潜在的成长和发展，基于大学生身心发展规律和特点，引导其有效应对心理压力、解决心理问题，促使他们更好地建立对自身和社会的认知，探索自身潜能，促进其个性发展、全面发展和人格完善。考虑到我国高校的教育理念和目的，我们主张以后者为大学生心理咨询工作的价值取向。

正如之前所提到的，心理咨询并不是面向所有学生的，而是针对那些存在"心理问题"的大学生咨询者。所以，在不少人看来，心理咨询的重点是解决和预防"心理问题"，应当以障碍性心理咨询为主。对于这种误解，我们需要对"心理问题"进行简要探讨。"心理问题"的含义包括广义和狭义两种，前者的内容十分宽泛，除了心理疾病和心理障碍之外，也包括由学习、生活、社交等引起的心理困惑和烦恼；后者指的是心理障碍和心理疾病。为了引发公众对心理健康教育的重视，部分文章以夸张的词句描述大学生的心理问题，刻意使用"心理障碍""心理疾病""心理异常"等概念，将广义上的心理问题夸大、扭曲成了狭义上的心理问题，将一般性的心理问题与严重的心理问题混淆在了一起，我们必须认清这种现象。虽然的确有一些大学生有着一定的心理问题和人格缺陷，但这只是极少数个案，并不代表大部分学生都存在这种情况。实际上，只有极少数大学生患有严重的心理障碍。相比之下，多数大学生只是在学习、人际关系、就业等方面存在一些成长性心理问题，虽然他们并没有患上真正的心理疾病，只是存在一些小的烦恼和困扰，但是这些问题也直接影响着大学生的心理健康和成长。所以，许多寻求心理咨询的大学生并不是人们以为的那种心理疾病患者，而是面对生活中的发展性问题向师长求助，希望成长、成才的正常大学生。

　　大学生心理咨询坚持发展性价值取向，不是希望大学生像聊天一样随意做心理咨询，也不代表每个大学生都需要做心理咨询，它的目的在于落实发展性的咨询理念。秉持这种咨询理念，大学生能够获得两个好处：首先，该理论有助于大学生形成求助意识，使之正确地认识和看待心理咨询，避免其面临发展性问题时，因对心理咨询的片面认识，不敢寻求心理咨询，从而错失自我发展的机会；其次，该理论有助于促使心理咨询教师在心理咨询过程中以帮助学生发展为主要理念，而不是仅仅关注消除心理问题或者矫正不良观念，从而消除在咨询过程中的部分错误倾向。如，心理咨询教师要注意避免混淆一时的心理状态和稳定的人格特征，避免将心理不健康与不健康的行为和情感表现画等号。要注意到心理不健康是一种长期持续的不健康状态，而个体偶尔出现异常行为和情感一般属于正常的应激反应，不仅不是心理不健康，反而表明这个人的心理是正常的。很多大学生热衷于心理测试答题，但是大多数心理测试只能够检测出答题者最近几天的心理状态，而非持续的心理特质，若将心理测试的结果看作自己的人格特征，那就是泛化了异常心态。面对一些特殊事件，人们很容易形成应激状态，只要不过分应激，适度的紧张或者焦虑能够带来积极影响，如演出前和考试前，个体保持轻微的焦虑，能够使思维更加活跃、注意力更加集中，从而超常发挥。这种正常的应激状态在本质上不同于焦虑型人格特质，我们不能将正常的成长问题视为心理异常。成长问题是人的心理发展过程中难免出现的暂时性异常现象，这些问题往往与年龄相关，例如青春期反叛等。如果求助者面临的是成长问题，心理咨询教师不要无端夸大其问题或视之为心理不健康。事实表明，随着大学生年级的增长和年龄的增加，他们曾经咨询过的一些问题通常会逐渐得到解决。

　　我们应当主张发展性心理咨询取向，但是这并不代表着要否定或者忽视障碍性心理咨询。不过，我们需要认识到如今我国大学生障碍性心理咨询的技术水平尚有很大的进步空间，需要对高校心理咨询机构进行重点提升。因此，如果学生存在严重障碍性心理疾病，我们需尽快将其转至专业的精神心理医院或者医院的精神心理科室，避免延误病情。所以，我们要积极提高高校心理咨询机构的专业技术水平，基于此坚持发展性咨询取向，将发展性心理咨询贯穿于大学生整个成长过程。

（三）大学生心理咨询应坚持"价值参与"

"价值"问题，是心理咨询中一个很敏感、很复杂的问题，对此，专业学者的观点分为"价值中立"和"价值参与"两种派别。前者是人本主义心理咨询理论的核心主张，其认为心理咨询教师需超脱咨询双方价值观的矛盾，换位思考，置身于求助者的价值体系，完全接受对方的价值观念，不以个人或社会的任何价值观念来评判求助者的经历。这个原则受到了很多心理咨询领域学者的认可，在我国也有很大的影响力。但是，随着心理咨询实践不断深入，人们渐渐认识到，在咨询过程中，心理咨询教师很难回避价值问题，完全的"价值中立"并不现实，也难以实现；后者是指心理咨询教师在咨询过程中融入某种价值观念，引导求助者形成健康的价值观，作出正确的价值评判，从而缓解心理问题，作出积极的选择和行为。

那么，大学生心理咨询如何进行"价值参与"？关于"价值参与"的实践探讨也有多种观点，如价值澄清、价值归因、价值评判、价值选择、价值认同、价值灌输等。笔者认为，大学生心理咨询中处理价值问题的关键不是对"价值中立"与"价值参与"的简单肯定或否定，而在于对"价值参与"之"度"的把握。高校心理咨询中的"价值参与"应以价值尊重为前提，以价值澄清为基础，以价值引导为中心，避免两个极端。价值尊重是指心理咨询教师应理解和尊重求助者的价值观念，不排斥、不批评、不评价，并予以真切理解，为求助者创设一个安全、轻松的人际氛围，让他自由地表达。当然，价值尊重并不等于顺从求助者不合理的价值观念和价值取向，理解是为了更好地"参与"，感同身受方能"助人自助"。价值澄清是在价值尊重的前提下，通过讨论、对比、实例等多种方式帮助求助者明确自己有什么样的价值观、自己真正向往什么样的价值取向，社会价值取向与自己所持价值取向是否存在矛盾，导致自己价值冲突的根源何在。价值澄清的本质就是协助求助者对其自我内在冲突做理智的思考和客观的分析，为价值引导打好基础。价值引导是"价值参与"的目的所在，即在价值尊重的前提下，在价值澄清的基础上，引导（而非替代）求助者进行适宜的价值选择。如前所述，我们应承认和尊重求助者的多元化价值取向，但这种承认和尊重不是放纵和无度，如果求助者所持价值取向的主流属于反社会或边缘性价值，咨询人员有责任予以必要的价值引导和进行"价值参与"。在进行"价值参与"时要避免两个极端，即绝对价值中立和完全价值干预。完全否定大学生心理咨询中的价值参与，坚持绝对的价值中立的做法是不正确的；但置求助者原有价值观于不顾，为求助者作出替代性价值选择也不足取，甚至适得其反。事实上，对于"价值参与"而言，"价值中立"是一个很好的行为参考标准，能够避免大学生走向极端——完全干预心理咨询教师的价值观，从而在灌输和中立之间达到动态的平衡和协调。

二、大学生心理健康教育课程的发展

（一）大学生心理健康教育课程的定位

从当下来看，我国大学生心理健康教育的主要实施途径是心理健康教育课程。相对于心理咨询而言，心理健康教育课程能够帮助大部分乃至全体大学生，同时也能够缓解我国现有学校心理辅导人员不足的问题；相对心理讲座而言，心理健康教育课程更具系统性，可以立足预防和发展的视角开展大学生心理健康教育，帮助大学生形成健康的心理和积极的生活状态。

大学生心理健康教育课程属于新兴课程，其课程研究起步晚，时间短，滞后于课程的实际教学，并且课程师资力量薄弱。所以，其课程定位不明确，存在一定偏差，主要表现为：学科化倾向，过度侧重于心理健康知识的讲解；德育化倾向，没有明确心理健康教育与德育的本质差异；娱乐化倾向，盲目追求形式的趣味性和多样性，而忽略了内容的深度。所以，高校应当正确合理地定位心理健康教育课程，这是确保课程活力，以及促进大学生心理健康教育可持续发展的必要前提。

首先要正确合理地界定心理健康教育课程的内涵。现在的主流观点为：心理健康教育课程不是指特定的某个课程，而是指一类课程，是指为达到心理健康教育目标而开展的一切教育活动和教育性经验。其包括学科课程、活动课程和隐性课程三部分。本书所要讨论的心理健康教育课程指的是狭义上的心理健康教育课程，也就是针对所有大学生，结合其身心发展规律，以培养其优良心理素质和促进其身心协调发展为目的，有计划、有组织地教授心理知识和培养心理素质的专门课程，包括学科课程和活动课程两部分，也就是心理健康教育显性课程。和其他课程一样，心理健康教育课程也因为专业的限制，无法覆盖全部心理健康的内容，只能集中精力完成其特定任务。分析《教育部 卫生部 共青团中央关于进一步加强和改进大学生心理健康教育的意见》（教社政〔2005〕1号），我们可以发现，大学生心理健康教育的主要任务是引导大学生掌握正确的心理健康知识，了解促进心理健康的方法，正确解读其心理异常现象，并掌握心理调适的技巧。结合高校心理健康教育课程的特质，我们可作如下理解。

1.心理健康教育课程应重视心理健康意识的培养

教育部文件中最为重视的是心理健康意识，并将其放置于心理健康教育课程目标的首位。自觉完善心理健康不是阶段性的任务，而是终身性任务。心理健康教育是一个广泛的、发展的领域，其相关知识极为丰富且处于不断的更新、发展之中，学生能够通过课程以及学校教育之外的很多途径，了解和学会调节心理健康的方法。所以，教育部要求高校培养大学生的心理健康意识，唯有如此，他们才能够在未来的学习、工作和生活中持续学习心理健康知识，自觉提升心理素质。

2.心理健康教育课程应重视知识的运用以及大学生发展适应能力的培养

心理健康教育课程的目的不仅仅是传授知识，更注重发展学生于实际情境下应用这些知识调节心理状态的能力。其主要职责并非让学生由"不知"变为"知之"、丰富知识体系，而是使学生基于"知之"改善其现实心理状态，学会自我分析、自我调控，解决学习和生活中的现实心理问题，从而提高大学生整体心理健康水平。心理健康教育课程内容不可避免地要涉及许多心理学及心理健康理论知识，并且大学生只有在掌握一定"知"的前提下才能有更好地"行"，但心理健康教育课程的重点不在于掌握理论知识的多少，而在于知识应用的能力。若过于注重大学生对理论知识掌握的准确与详尽，则有可能偏离心理健康教育的本质目标，有可能使学生对心理学理论、心理健康的提升望而生畏并失去兴趣，而且可能使学生在面临现实的心理问题时，依然会束手无策，不知所措。

3.心理健康教育课程应立足于发展教育模式

心理健康教育课程面向全体学生，意在通过开课的形式普及心理健康知识、培养学生良好的心理品质、提高学生整体的心理健康水平，使之在各自现有的基础上均有所获益。因此，心理健康教育课程应立足于发展教育模式，矫治学生的各种异常心理和问题行为则主要由障碍性咨询和心理医院等完成。

4.心理健康教育课程具有活动课程的性质

心理健康教育课程不仅具有学科课程的性质，也具有活动课程的性质；它可以以学科课程的形式进行，也可以以活动课程的形式出现，但这两种形式不是截然分开的，而是相互补充、相互融合，甚至于同一课堂交织呈现，统一于心理健康教育课程总体目标与规划之中的。

高校心理健康教育课程和其他课程一样是学校课程教育的有机组成部分，它和德育、智育、体育等课程相互联系、相互渗透，但又有着自己独立的目标、内容和方法。

心理健康教育课程与其他课程密切联系。无论是学科课程形式还是活动课程形式，心理健康教育课程可以说都是一门跨学科的课程，其内容涉及心理学、教育学、社会学、生理学、伦理学等多个领域，是综合社会科学、自然科学以及技术科学等相关知识的一门综合性课程，在理论及实践层面与这些课程存在着相互渗透、相互促进、相互补充的密切联系。一方面，在这些学科课程内容中蕴含着丰富的心理健康教育资源。如学习社会心理学知识，可以让学生了解社会对个体的影响、个体社会心理的养成、个体与群体的关系处理等，从而帮助大学生增强适应社会发展变化的能力；自然科学学科课程的学习需要学生观察力、记忆力、注意力、想象力、思维力等认知能力的参与，这些能力的参与与提高本身就是个体心理品质的培养与完善的过程。另一方面，各学科的有效开展和运行需要以大学生健康的心理素质为基础。如德、智、体、美的全面发展是大学生综合素质的内在要求，即大学生所应具备的思想政治素质、科学文化素质、身体素质、审美素质。而心理素质是人才素质的基础，渗透于思想政治素质、科学文化素质、身体素质、审美素质之中。心理素质是大学生思想政治素质形成的基础，是大学生科学文化素质形成的必备前提，是大学生拥有健康身体素质的重要保证，是形成审美素质的基础和条件。

（二）大学生心理健康教育课程目标定位与发展

心理健康教育课程的目标，是课程在特定时段内预期实现的教育效果。心理健康教育课程正是从课程目标出发开展一系列教学活动，并以此为落脚点，在课程目标的指引下，明确教学方向，选择教学内容、方式、手段、评价标准等。相对于其他传统课程而言，心理健康教育课程尚处于起步阶段，课程目标尚未统一和系统化，因此它在不少方面存在问题。例如，课程目标不够明确，导致不同学校和不同教师之间存在分歧；课程目标与心理健康教育目标之间没有清晰界限，彼此重叠；课程目标难以落地实施，仅停留在一般目标的描述性层面。课程教学是高校开展大学生心理健康教育的主要途径，课程目标的分歧与混乱会对心理健康教育课程教育及其质量产生不利影响，进而影响到大学生心理健康教育工作整体水平的提高。因此，对高校心理健康课程目标的定位及发展予以关注是大学生心理健康教育顺利发展的重要内容。

首先，心理健康教育课程目标与心理健康教育目标关系定位。心理健康教育课程目标与心理健康教育目标关系密切，但二者存在层次差异。心理健康教育目标是心理健康教育课程目标的上位概念，其内涵较之后者更为丰富和宽泛，心理健康教育目标包含心理健康教育课程目标；心理健康教育课程目标是心理健康教育目标在课程方面的具体表现，但它不能包括心理健康教育目标的所有内容。在实际运用时，我们常常会不自觉地将二者混淆。

其次，心理健康教育课程目标体系的层次构建。实际上，课程目标的混乱及可操作性缺乏与课程目标体系的层次构建不足紧密相关。一般情况下，对心理健康教育课程目标的阐释主要表现为"提高心理健康水平、培养良好心理素质、开发心理潜能、增强心理健康意识、促进心理健康"等描述性概括层面，这些提法被当作心理健康教育的一般目标或心理健康教育课程的总体目标无可厚非，但怎样予以理解、在实际教学中如何运用和展现却缺乏足够的具体性、操作性和层次性。心理健康教育课程目标是一个总概念，包括心理健康教育学科课程目标、活动课程目标以及隐性课程目标。心理健康教育课程目标的实现依赖于各种具体形式的课程目标的实现，各种课程目标的实现有赖于各个教学单元目标的实现，各个教学单元目标的实现又有赖于各个具体课时目标的实现，因而心理健康教育课程目标必然具有自身的层次结构。

需要关注的是，现在的心理健康教育课程目标有两种错误：一种是过于理论化，也就是过分重视学生对相关理论知识的掌握水平，导致学生调节心理状态和解决实际问题的能力未得到充分重视和发展；另一种是过于技能化，即过分重视课程教学的技能目标，只注重学生解决心理问题的技能水平，却没有充分重视提升学生的心理健康知识理论水平。心理健康教育课程的目标包含情感、意志和个性三个维度，其重点并非学生掌握了多少理论知识，然而理论是实践的重要指导，实践是理论的外化，这一课程的教学一方面旨在引导学生掌握应对心理冲突的问题的实际技能，另一方面旨在引导其了解和掌握有关身心发展、各种心理现象和问题的理论常识，为其未来身心健康发展打下基础。因此，高校在心理健康教育课程目标价值取向上应建构理论与技能相结合的课程教学目标，而心理健康教育学科课程目标和活动课程目标其实就是理论与技能相结合的价值取向的具体展现。

（三）大学生心理健康教育课程内容及方法的选择与运用

课程内容是课程目标的具体化，承载着课程目标，教师只有选择合适的课程内容，才能够实现心理健康教育课程目标。课程内容的选择依据大致为三种，首先是以人为尺度，即根据学生的兴趣、需求和社会生活来选择；其次是以社会为尺度，即根据社会需要来选择；最后是考虑到人和社会的相互关系，并根据二者的辩证统一来选择。

与其他专业课不同，心理健康教育课程并非传授学生具体的专业理论和专业技能，而是引导他们形成正确的心理健康观念，解决其现实生活中的心理困惑和心理矛盾，以提升其学习效率和生活幸福感，可直接触及学生内心世界，所以高校必须针对学生的兴趣和需求量身定制课程内容。通常而言，学生的心理健康发展需要包括两个层次：发展性需要和适应性需要。前者指的是某年龄段的大学生共同的心理和行为发展需要；后者指的是大学生适应社会发展、人际关系、学习环境、生活变化的需要，以及在特殊环境和事件的压力和冲击之下形成的调节不良心理状态、克服心理问题的需要。大学生的适应性需求具有时代特点，是随着社会发展而变化的。每个人都作为社会的一分子而生存和发展，必须适应社会。因为，随着社会发展，心理健康教育的内容在不断丰富，现代社会要求大学生具备现代化的人格特征和心理品质。同时，大学生的心理困惑和问题主要来源于不能适应社会。所以，高校在规划心理健康教育课程内容时，不仅要以大学生的兴趣和需求为基础，同时也要考虑社会的需求。由此可见，心理健康教育课程的主要目的是满足学生维护和发展自身心理健康的需求，以促进其心理健康发展，其课程内容明显不同于其他课程内容，所涉及的知识理论、技能、实践等与学生的生活、社会变化密切相关，它不是孤立存在的理论体系。在选择课程内容时，高校需要紧密关联学生的现实生活，以学生的生活和发展需要为依据，同时也需要考虑到社会的发展，坚持个人与社会的辩证统一。

大学生心理健康教育课程教学可以结合实际需求选取多种方法。其中，案例教学法可与大学生现阶段的身心发展程度相契合。大学生在理论素养、文化内涵、思维能力等方面有一定的基础，同时十分重视自主和个性发展，能够自己分析案例，并形成自己的思考。而且，案例教学法也符合高校心理健康教育课程的主旨，既能够传授理论知识，更能够发展大学生的实际技能。

20世纪20年代，哈佛商学院率先倡导案例教学法，学院教师以真实的商业管理情境或事件为案例来教学，鼓励学生积极参与课堂讨论，发展独立思考、解决问题的能力，该方法在实际应用中取得了良好的教学效果。但案例教学法在教师教育领域一直未得到应有重视，直到20世纪80年代才被美国的师资培训机构所认可，1986年美国卡内基小组提出《准备就绪的国家：二十一世纪的教师》报告书，着重指出了其在教师教育中的作用，十分认可其教学效果。20世纪90年代以后，我国也开始研究案例教学法。

案例教学法的设计和实施是建立在学生可以借助研究和探索案例来学习，在需要的时候回想起相关知识和技能并应用这一基本的假设前提之下的。案例教学法适用于培养学生的高级智力技能，如分析、综合和评估能力，对于管理者、医生和其他专业人员来说，这几项技术是必须具备的。该教学法还能够帮助学生自觉地在日常生活中对自己的情况进行分析，提升承担和应对失败和风险的能力。为了增强教学效果，高校应当为学生创造良好的学习环境，也就是提供电子设备，或者组织学生进行线下讨论，并为其提供案例相关资料以及充分的讨论案例的机会。此外，学生必须积极参与案例分析，并具备足够的分析能力和沟通能力，能够表达并坚持自己的看法，学生的参与度在案例教学法中有重要影响。

案例教学法强调学生的主体地位，强调以案例分析讨论为中心，旨在通过对案例的分析和讨论来培养学生的思考能力，而非仅仅追求问题的答案。案例教学法在高校心理健康教育课程教学中的应用充分体现了心理健康教育课程的本质特性。

第一，体现了课程教学的开放性。开放性指的是教学包含教师的教和学生的学，是两者的双向交流，而案例教学法突出了这一点。教师在案例教学中是活跃者，心理健康教育课程内容是不断变化、与时俱进的，具体案例可展现特定时代下的特有问题，教师需要结合具体的教学内容和当下的社会发展选择合适的案例。学生在案例教学中是积极的参与者，他们需要从自身的特质和视角来认知、评估、解决案例中反映的现实问题，需要在习得知识的过程中对这些知识和结论作出审视、评价，并将之应用于解决问题的实践活动当中，内化为自己的技能与能力。所以说，案例教学法开辟了一个极为自由和开放的思维、实践空间，让学生能够自主思考，吸收内化理论知识，创造性地将知识转化为自己的智慧和能力。

第二，体现了课程教学的参与性。参与性指的是学生基于教师的指导，积极参与教学活动，在此过程中习得理论知识、提升自我调适能力和心理机能，从而实现自我教育。案例教学的中心是学生，其教学形式以学生参与为主，教师在教学前需合理地设计课堂教学过程，采取探究问题的手段，将核心放在思维训练上，从而实现提升学生发现、思考、解决问题的能力的目标，重点关注学生的创新素质、创新精神和创新能力的培养。由此可见，案例教学能够充分展现心理健康教育课程教学的参与性。

第三，体现了课程教学的体验性。根据美国课程专家古德莱德（Goodlad）的观点，课程可分为五个层次，即观念的课程、正式的课程、学校的课程、教学的课程和体验的课程，其中体验的课程是最重要的。心理健康教育课程就是具有突出体验性的生活课程，它以学生为主体，以学科知识为基础，以精神感受为驱动，注重学生在教学过程中联系生活实际的心理感受、情感体验等心路历程，强调在大学生的课程体验中实现课程目标。案例教学则可为学生提供现实体验的模拟空间，其教学使用的案例基本来源于学生的现实生活。这些案例由一个或多个问题组成，能够体现某类心理问题或现象的本质。这些发生在学生身边的案例能够使大学生在体验和总结中获取相关问题的感性知识、直接知识和实践知识。培养学生良好的心理品质不能仅仅依赖于知识的传授或简单的接受学习，更主要的是帮助他们在生活经验中不断积累、逐渐建构。案例教学所使用的这些恰当的案例能够为学生展现生活经验，使之获得体验和感悟。

第四，体现了心理健康教育教学活动中师生的主动性。心理健康教育过程实际上是师生互动的一种交往过程，高校必须摒弃传统教学模式中"我讲你听，我写你记，我说你做"、管制与被管制的师生交往状态，充分调动师生双方的主动性，在和谐、民主、平等的教学氛围中实现教学互长。主动性是学生受教育过程中十分重要的意识和行为，是学生在学习过程中表现出来的对学习的热情、兴趣和积极性。教师的主动性体现为灵活主动地处理好课堂教学，不囿于教材与教法的限制。在案例教学中，典型案例的选取与设计、案例分析的设置、学生讨论分析的组织、实例与理论的融合、案例启示性总结等都是教师主动性教学的展示。人们普遍更加关注自己生活中的事情，所以教师运用生活化案例进行教学能够引起学生的共鸣，让他们兴趣盎然、积极思考，沉浸于讨论和解决问题之中。这样，学生不再仅仅被动地接受知识，而是可以一边接受知识，一边运用、探索知识，可在完善知识结构的同时，对知识形成深入的理解，从而在分析和讨论案例的过程中，发挥创造性思维，激发和展现自己的主动性。

对案例教学的推崇并不意味着对学科理论知识传授的否定。案例教学法不能替代系统的理论学习和讲授，要使案例教学充分发挥其功能，教师还需要足够的理论知识来支撑，在课时安排上兼顾理论讲授与案例教学的相融。其实，良好的案例教学本身就是心理健康教育学科课程理论知识传授与活动课程情感体验的融汇与贯通。

三、大学生心理健康教育实践的发展

（一）开设心理健康教育课

开设心理健康教育课，能够最大限度地发挥课堂教学在大学生心理健康教育中的关键性作用。所开设的课程应当是多样化的、有针对性的，包括宣传心理健康基础知识的课程、心理科学基础理论课程等。高校应将这些课程纳入选修课体系；高校应定期组织多样化的心理专题讲座和报告会，帮助大学生全面了解个人心理成长的变化规律，了解维护心理健康的基本知识和提高心理素质的方式和方法；高校应将心理健康教育内容融入德育课程当中。

（二）建立学生心理档案

部分高校会定期组织心理测试，普查学生的心理健康状况，并整合、分析相关数据信息，进而构建特殊学生的心理档案库，针对性地追踪这些学生的心理健康状况，及时干预和治疗他们的心理问题，以防止发生悲剧和极端事件。

（三）建立心理健康专栏

多数学校会在线上线下开设心理健康专栏。高校应利用校园广播、校报、布告栏、校园网及学校的官方微信公众号、微博、抖音号等，宣传心理健康常识，或邀请专家分析经典心理问题和大学生的现实心理问题案例；应借助校园网，开设学校自己的心理健康网络平台，供学生讨论交流或者直接与学校心理健康教师进行网上心理咨询，引导学生的心理健康发展。同时，高校应及时掌握学生的心理状态变化。

（四）开展心理健康咨询

一般学校都会组建专门的心理辅导或咨询机构，这些机构可以为学生提供专业的心理咨询。心理咨询可使用多种不同的方法和技巧。针对患有障碍性心理问题的学生，心理咨询教师需进行个别咨询或者门诊咨询；针对存在普遍的发展性心理问题的学生，高校可以组织有相同心理困扰的学生进行团体咨询；针对那些抗拒前往心理咨询中心（室）的学生，高校可以设置心理咨询信箱，以便他们通过书写信件的方式咨询，还可以提供在线咨询服务，从而有效地满足这部分学生的需求。此外，高校还可以在开学季、考试季、毕业季等重要时间节点，组织现场咨询活动。

（五）加强教职员工心理健康知识的培训

在学校德育工作中，心理健康教育是至关重要的一环。这项工作需要所有教职工积极参与，从而对学生开展一致性、渗透性和连续性的心理健康教育。因此，高校不仅要加强对心理健康教育课程教师的专业培训，提高他们的理论水平、专业知识和技能水平，以确保心理健康教育课程教学效果，还要加强对其他专业课程教师、公共课程教师、辅导员的心理健康教育理论和业务的培训。

（六）开展心理健康教育活动

心理是从实践中形成的，而实践也会推动心理的发展。学校可以组织不同主题的心理健康教育活动，引导学生积极参与心理健康教育活动，帮助学生在此过程中调适自己的心理状态，提升心理健康素质。高校要重视心理健康教育活动形式的多样化和趣味性，除了组织一般的社会调查活动、学术讲坛活动，还可以组织电影展播、心理沙龙、心理游戏等新奇有趣的活动，激发学生的参与热情和积极性，让学生在轻松、娱乐的实践过程中放松情绪和心态，获得心理健康相关的知识，形成积极的心理状态，促进其身心协调发展。

四、运用新媒介开展大学生心理健康教育

大学生心理问题与新媒体的发展息息相关。所以，高校应当充分借助新媒体开展大学生心理健康教育工作，提升教育效果。

（一）运用新媒体思维，设计心理工作平台

过去，大学生心理健康教育工作只通过线下的方式进行，如课程教学、心理咨询室，以及各类实践活动，为时空条件所限制，难以确保心理健康教育的效果。然而如今新媒体技术不断发展，乐于接受新鲜事物的大学生，已经普遍习惯在网络空间中学习、娱乐和生活。所以，心理健康教育工作也应与时俱进，积极利用新媒体创建新的网络工作平台。高校应借助互联网普及心理健康教育知识，教师可以申请微博、微信公众号、短视频账号等，与学生交流，增进师生情感，创造轻松的氛围，以此帮助学生更好地了解和理解心理健康知识。另外，高校心理咨询教师还可以利用校园论坛、贴吧等平台，增进与学生的互动和沟通，主动与他们一起探讨那些广泛存在于大学生群体当中的心理问题，并帮助他们解决心灵上的疑惑；或者利用QQ、微信等进行一对一的心理咨询，在确保学生隐私的前提下，引导学生尽情地分享自己的想法；还可以开发一些网络体验游戏，让学生在游戏中得到放松，并消除可能导致大学生产生心理疾病的潜在风险。

（二）发挥新媒体优势，把握网络舆论导向

高校应建立更完善的网络舆情管理机制，制定相关规定、制度，配备专门的管理人员，加强校园网络监督管理，及时、充分地了解大学生的思想变化和心理健康状况，及时发现、干预和治疗大学生的心理健康问题，从而不断提升大学生的心理健康水平。高校需加强舆论引导，以社会主义核心价值观引领大学生的思想，引导其构建正确的"三观"。高校要强化网络舆论监督。网络上各类信息良莠不齐，一些虚假信息、不良思想会侵蚀大学生的价值体系，高校要实行网络监

督巡查制度，维护健康的网络信息环境，对不良信息进行及时有效的控制，避免虚假和不良信息对大学生健康成长造成干扰，确保他们坚持正确的价值取向。

（三）引入新媒体技术，创新课堂教学模式

新媒体技术的发展，为教学改革开辟了新的空间，大学生心理健康教育课程教学可以充分利用新媒体技术，采取网络化、信息化教学手段和模式。例如，开发人际交往、求职就业、男女感情等方面的慕课课程，以学生乐于接受的教学形式和教学内容，传授其现阶段大学生需要的心理健康知识，以增强其心理调适能力。慕课课程时间短，内容专题化，能够激发学生的学习主动性和积极性，教学效率更高。教师也可以在课堂教学中使用视频、图片、音乐等新媒体教学工具，使学生更加积极地参与到课堂教学当中。

（四）提升新媒体应用能力，加强队伍建设

随着信息技术的不断发展，教育信息化已经成为当今教育改革的重要方向。教育信息化要求心理健康教育队伍随之提升自己的新媒体应用能力、信息化教学能力。高校的心理健康教育队伍不仅包括相关课程的教师和心理咨询教师，还包括辅导员、班主任等，他们都需要不断学习，自我提升，一方面持续学习专业心理知识，另一方面不断强化自己的新媒体教学技术和新媒体应用技能。对此，高校可开展专门的培训活动，提升教师的综合素质，确保他们能够娴熟地使用各种新媒体平台，如微信公众号、微博、抖音等，同时宣传心理知识，开展线上、线下联动的心理健康教育，为大学生提供全方位的心理辅导，提高其学习效率。高校必须提升他们的专业水平和信息技术水平，打造高素质的信息化的心理健康教育队伍，确保大学生健康教育工作的高质量开展。

第三节　大学生心理健康教育的发展趋势

一、大学生心理健康教育发展的含义

发展是当今时代的主题，有发展才有进步。从语义上讲，发展是事物由小到大、由简单到复杂、由低级到高级的变化。对此，我们可做如下理解：首先，发

展是事物的一种运动状态，这种状态不是一般的运动状态，而是特指事物前进的运动过程；其次，发展的主要特征是向上的，由小到大、由低级到高级、由落后到先进；最后，发展有全面、合理、协调的发展，也有片面、不合理、不协调的发展，在原有基础上的重复，甚至倒退的运动不是发展。对于我国大学生心理健康教育而言，发展是指心理健康教育这一社会活动由传统的、相对不发达状态向先进的、合乎时代发展的现代状态逐步过渡与转化的进步过程。具体来讲，我国大学生心理健康教育发展应是心理健康教育的与时俱进和改革创新。与时俱进是方向，改革创新是手段。与时俱进就是结合时代特征，与现代社会转型及当代大学生的身心特点与现实需要协同一致；改革创新是现代社会的本质特征和时代精神，创新不是单纯目的，不能为创新而创新，而是要根据社会发展新现象、大学生现实生活新变化、心理需要新领域而发展创新。发展是为了寻求我国大学生心理健康教育的进一步完善、丰富与提高，发展的本质在于进步。

对于我国大学生心理健康教育发展，我们可以从"时间上的历史沿革"和"性质上的现代嬗变"两个方面来理解。

立足于时间维度，心理健康教育发展是一个历史的过程，我国高校心理健康教育在这个过程中逐渐形成并完善，它经历了一个从无到有、从小到大、从无序到规范、从自发到自觉的发展过程。每个发展阶段面临不同的社会情况、教育发展情况和学生情况，心理健康教育的目标、内容、方式和评价标准各不相同，因此，其发展有着显著的时代性。从这一维度出发，我国大学生心理健康教育发展可以被理解为其自诞生后的发展史。

立足于性质的维度，我国高校大学生心理健康教育发展是一个心理健康教育系统由低级到高级、由落后到先进、由传统到现代、由不足到完善，适应时代发展的飞跃过程。所以，其发展并非仅仅是随时间推移而发生的变化，而是一种性质上的变化、升级。现代社会不断发展，人们迫切地要求维护自身心理健康，提高生活质量，强化教育的实际效果，促进心理健康教育的发展。同时，这也对大学生的心理健康形成了冲击，给大学生心理健康教育带来了诸多问题和挑战。大学生心理健康教育必须持续进步，革新理念，提升教育水平，超越自身，获得新质，适应社会发展，跟上时代脚步，这样才能保持活力，实现自身存在的意义与社会价值。

发展才是硬道理，才是我国大学生心理健康教育不断获取生命活力的源泉。我国社会学家郑杭生先生认为，当下世界上存在两种"发展的困境"：第一种是想要发展，但无法做到，也就是发展失败；第二种是有所发展，但所取得的进展与设定的目标相悖，或者局部发展。就目前我国大学生心理健康教育发展而言，它应属于第二种情况。在社会的广泛关注和大力支持下，我国大学生心理健康教育在短时间内迅速发展，取得了质的飞跃，但相较于其本质需求、发展目标和国际水平，仍有较长的一段路要走，需要继续努力，寻求新的发展方向和发展空间。在当下，我国大学生心理健康教育发展的成果主要在于：发展速度快，为维护和促进大学生的心理健康和身心协调发展提供了重要支持，已经成为我国高等教育中不可或缺的重要部分。其问题主要在于：区际和校际发展不均衡；师资薄弱，缺乏专业性；咨询和教育的效果不尽如人意；价值取向不合理，过于重视障碍性心理咨询，忽视发展性心理能力；教育形式不够多样化，教育资源利用缺乏综合规划和系统性；心理健康教育队伍的发展和安置现状不太清晰；理论和实践层面上本土化的探索还需加强；等等。由此我们可以看出，我国大学生心理健康教育虽然已经取得了一定的成就，积累了一些经验，能够为未来的发展提供稳固的基础和平台，但是仍旧存在进一步发展完善的内在需求，需要明确发展方向。

所以，大学生心理健康教育发展需要从现有的情况出发，回顾心理健康教育的发展历程，挖掘大学生心理健康教育的发展脉络以及未来的发展趋势，并从过去的失败和成功中总结经验教训，明确大学生心理健康教育的发展方向。大学生心理健康教育发展是一个涉及多方领域和要素的系统工程。根据唯物辩证法，任何事物的发展都不是完全片面的、单一的发展，而是一个系统的发展过程，其内部的各个要素需在彼此联系、制约、作用中发展，从而实现整体的发展。如果其中单一要素的发展与其他要素相比更加突出，那么这种发展就是不健康的。大学生心理健康教育的发展应当是各个方面、各个要素协同一致的、系统化的发展过程。作为一个教育系统，其内部包含教育理念、教育目标、教育内容、教育方式、教育功能、教育原则等各要素，这些要素彼此联系、制约、作用，决定着心理健康教育系统的整体功能和发展状态。我们必须对其内部各要素进行协调，使其协调、均衡发展，否则难以充分发挥其整体的作用，难以形成良好的发展态势。例如，如今的教育手段越来越现代化，作为师生双向互动的重要媒介和桥梁，其现代化教学手段能够有力地保障我国大学生心理健康教育有效发展。然而，如果我们只追求教学手段的现代化，而忽视对教育理念、内容和模式等的现代化，过时的教育理念将无法为大学生心理健康教育的发展提供内生动力，外在条件再好，也无法实现质的进步。

我国大学生心理健康教育发展需要协调多种要素，使它们协同发展：教育理念应从以问题为中心转变为以学生为中心；教育内容的关注焦点应从预防和治疗转向心理适应以及潜能开发；教育模式应从医学型转变为发展型；教育范畴应覆盖更广泛的领域，包括生命教育、休闲引导以及职业规划，而不仅限于心理问题的辅导；教育功能由解决问题转变为促进社会发展和个人的全面自由发展；教育方法应逐渐实现显性与隐性教育相结合，教学手段应现代化；教育队伍应向专职为主、专兼结合的方向发展。我们还需要认识到一点，即强调系统的全面发展，不代表不分主次地、完全平均地发展上述要素，而是要基于当下的实际状况，基于各要素的相互作用和分工，探索以点带面的发展道路。

二、大学生心理健康教育发展的主要趋势

从 20 世纪 50 年代起，我国的大学生心理健康教育开始了不断发展的历程，从最初的面向个别学生提供心理咨询服务，发展为如今的面向所有大学生开展心理健康教育；从只有部分学者的宣传和研究发展成如今现代学校教育中必不可少的重要组成部分；从师生家长抗拒、排斥、误解，发展为如今师生家长主动咨询、提前预约；从自发性学术活动发展为如今政府教育主管部门所推行的专项内容。我们可以看到，如今心理健康教育理论系统不断丰富、实践探索进一步深化，随着人民生活水平大幅提升，社会更加关注和需要心理健康教育，我国大学生心理健康教育也呈现出本土化、综合化、专业化的发展趋势。

（一）大学生心理健康教育的本土化发展趋势

《共产党宣言》强调，人们的意识形态、价值观念以及思维模式都会随着人们的生活环境、社会关系和社会存在的不断变化而变化。这表明，人们的种种心理现象与特定时代背景和社会文化环境紧密相关，二者之间有着不可割裂的内在联系。心理健康教育的重要目标在于缓解学生不良心理状态，增强其心理素质，

开发其心理潜能，它也应当和人的心理现象一样突出时代性、文化特色和本土特色。也就是说，各个国家的大学生心理健康教育都要实现本土化，而我国要探索具备中国特色的大学生心理健康教育理论与实践发展道路，就要关注以下 3 个方面。

1. 心理健康教育与思想政治教育相结合的特色化发展

（1）我国大学生心理健康教育于思政教育的困境中应运而生。

在过去长时间的艰苦革命和建设实践中，我党创造了成体系的思政教育理论和方法，有着十分丰富的经验，因此我国高校思政教育最初发展较为顺利，但是自党的十一届三中全会作出改革开放的伟大决策后，我国与国外的交往越发密切，经济体制改革不断向纵深推进，高校思政工作也逐渐面临新挑战。当代大学生思想活跃、情感丰富、感知敏锐，社会生活中新现象、新问题给他们带来了很多迷茫和困惑，这导致大学生的学习、经济和就业等方面的压力越发沉重。与此同时，由于传统思政教育在观念、内容、方法和手段等逐渐跟不上时代要求，显露出越来越多的缺陷，无法较好地适应新情况、解决新问题、满足新需求，高校思政教育现已受到抨击。因此，高校思政工作者不断探求新的方法和思路，在这个过程中，心理咨询逐渐成为他们的注意焦点，并被应用到高校思想政治教育工作中。

（2）心理健康教育与思想政治教育的密切联系提供了二者结合的内在可能

我国大学生心理健康教育与思想政治教育相结合不受外力所驱，而是有其内在的必然联系。

其一，心理健康教育与思想政治教育的研究对象具有内在一致性。前者探讨的是个体心理层面的发展、改善和提升，其核心在于心理健康素质；而后者研究的是个体思想层面的完善和发展，其核心在于思想道德素质。心理和思想、心理健康素质与思想道德素质，具有内在一致性。

其二，心理健康教育与思想政治教育的教育目标具有一致性。前者关注培养和提高大学生的心理健康素质，后者则专注于发展和完善大学生的思想道德素质。尽管具体目标存在差异，其教育终极目标是一致的，都着眼于学生综合素质的全面发展、服务于社会发展需求。

其三，心理健康教育与思想政治教育的教育内容具有相关性。两者的教育内容各有侧重，却也密切相关。实际上，人们内在的心理和思想本就紧密相连，心理问题和思想问题通常彼此交织，一些思想上的问题存在着复杂的心理因素，它们表面上是思想问题，实际上是心理障碍，心理问题也会产生思想和行为问题。某些思想问题可以通过思想政治教育来改变，而一些思想问题也可能通过心理健康教育来解决。虽然心理咨询领域不强调政治倾向性，不侧重价值干预，但在咨询与教育实践中，教师不能抛开对大学生在人生观、价值观方面的澄清与引导。

其四，教育功能相辅相成。心理健康教育能够促进德育教育。健康的心理能够促进思政教育内容的内化和实践，思想道德品质高尚的人往往拥有健康阳光的人生态度、和谐融洽的人际关系、不惧挫折的健康心态。思想政治教育还拥有显著的心理调节效果。我国的思政教育贯穿人一生的发展，覆盖社会生活的多个领域，并且具备不可估量的现实影响力，能发挥一定的心理咨询和心理健康教育的调节作用。

（3）人类发展的内在需求必然要求两种教育结合，并为此提供入手点

我国大学生心理健康教育于思政教育的困境中应运而生，心理咨询促进了当下思政教育理念的更新、内容的丰富、途径的拓宽、方式的多样化、效果的增强；从另一个角度来看，立足于如今我国高校学生工作的现实情况和心理健康教育方面的实际状况，我们想要普及和深化大学生心理健康教育，就必须发挥思政教育的支持、参与和促进作用。

（4）两种教育的结合是我国大学生心理健康教育发展的特色

我国的大学生心理健康教育工作队伍主要包括三类：思政教育工作者队伍，他们拥有思政教育学科背景；心理学工作者队伍，他们拥有心理学学科背景；医务工作者队伍，他们拥有医学学科背景。虽然也有工作者拥有其他学科背景，但是这种工作者较少。上述队伍都从自身的学科出发，认知和理解大学生心理健康教育，所以他们持有不同的观点和看法，在实践教育活动中也采取不同的教育方法和策略。其中，思政教育工作者队伍主张心理健康教育与思政教育相结合，这是其他国家的心理健康教育中所没有的，是我国大学生心理健康教育发展的特色。一则，两种教育结合之后，思想政治教育工作者进行心理咨询时仍旧坚持普遍的原则和方法，为了达到良好咨询效果，他们所要创造的条件和利用的要素和其他学科背景教育者的心理咨询无二；二则，经过长期的实践探索，基于思想政治教育的心理健康教育模式也发展出了自己独特的优势和特点。

2. 传统文化心理观念与时代精神相结合的现代转换

（1）中国传统文化中蕴藏着丰富的心理健康思想

我国传统文化博大精深、源远流长，其中包含着很多心理和精神生活的相关内容。我国传统文化没有提出"心理健康"这个词汇，但是它为人们指明了内心世界自我超越的精神发展的道路，以及与自己、他人、社会、自然和谐相处的心理生活道路。传统中国哲学追求的并不是知识的增加，而是个人内心的境界的升华。中国文明的核心就是传统哲学，儒、道、佛是中国传统思想文化的基本组成部分，它们也是中国传统文化心理的文化母体。

（2）中国传统文化心理的现代转换

中国传统文化心理的现代转换并非简单地重新组合其内部的各个要素，而是在考虑社会发展、大学生心理健康和教育需要的基础上，寻找与现今教育内容结合的入手点。只有依托于现实，才能够实现现代转换。

①入世进取与挫折教育相结合。儒家文化推崇积极投身于现实社会、百折不回、不断奋斗的入世精神。入世指的是一种对社会的关注态度，包括对社会价值、社会道德、社会规范以及社会实践的探索、参与、遵守和认同。儒家强调人应该积极入世。他们认为，苦难可以磨炼心智，可促进人的成长和发展。如今经济体制改革持续深化，高校改革持续推进，大学生需要应对更大的学习、就业、竞争压力，适应快速变化的社会。同时，他们没有足够的社会经验，其身心发展不成熟，心理较为脆弱和敏感，上述压力和变化会导致他们感到迷茫、焦虑，并且这种不良心态的不断强化很容易引发心理问题。所以，当下的大学生心理健康教育要加强挫折教育，引导学生理性地认识和应对挫折，学会调适心理机能，预防和克服挫折的负面影响，增进心理健康。

②尚"和"心理与学生人际交往相结合。"和"在中国传统文化中占据重要的地位，中国人自古以和为贵、以和为美。"和"是指和谐、和睦、和气、和善、和平。作为中国社会重要心理，尚"和"心理已经融入了人们的观念和行为中，是人们处理人际关系的基本准则。在大学生心理健康教育中，尚"和"与"仁爱"具有重要价值，一方面，大学生心理健康的本质即力求大学生形成内部自洽与外部相融的心理和谐状态，心理和谐的内容表现为个体身心和谐、自我心理和谐、人际心理和谐与心境心理和谐，大学生心理健康的本质与"和"有密切相关性。

将"和"与"仁爱"思想融入大学生心理健康教育，能够引导大学生建立及维持融洽友善的人际关系，这在大学生人际交往教育中非常重要。

3.西方心理咨询理论与中国国情相结合的民族化发展

相比国外，我国的心理咨询起步较晚，发展时间短，心理健康教育同样如此，因而，西方相关理论和方法更为先进。虽然中西方文化和社会环境存在差异，但它们也有一定的共通之处，各种理论和方法也有共通之点，所以学习和借鉴西方的心理咨询理论，能够使我国的心理健康教育获得启示。但是，我国历史文化悠久，中国人的心理有着自身的民族特性，怎样让"外来的和尚"在这里"念好经"，将西方心理咨询理论中国化，是我国大学生心理健康教育必须解决的问题，也是实现其民族化发展的必由之路。

（1）中西文化心理的差异与表现

文化学者认为："文化世界不仅是人类创造的，而且同时也在不断地创造着人类，创造着不同国家、民族、社区人们的性格、心理、行为方式、思维方式以及种种价值观念。"[①]从中我们可以看出，文化制约和影响着人们的心理，人类的心理是由社会环境和文化共同塑造而成的。中西方文化由于地域、历史等不同因素的影响，存在显著的差异。这种差异深埋于我们的文化基因之中，代代传承，以一种无意识的方式影响着我们的思维与行为方式。

（2）在借鉴中寻求发展与创新的民族化发展

我国高校心理健康教育最初源自西方心理咨询理论，在借鉴西方心理咨询理论和方法的过程中，相关学者不断寻找民族化的改良与创新途径，以更好地满足国内的需求，取得长足的发展。

①心理咨询认识与观念的借鉴。中西方国家的人们之间对心理咨询的看法存在较大差异。在西方国家，心理咨询已是一件司空见惯的事情，人们不视心理问题为羞耻之事，也不忌讳与心理咨询教师坦诚地沟通自己的问题。实际上，在西方国家中，除了确实患有心理问题的人会做心理咨询之外，不少没有心理问题的人也愿意并经常做心理咨询，以更好地调整情绪、心态，规划个人未来生涯等。然而，在中国，人们并不认为心理咨询是一种使自己过得更好的一种助力方式，而视之为看病，做心理咨询无异于认为自己有"精神病"，将心理问题视为羞耻

---

① 司马云杰.文化价值论[M].北京：人民出版社，1988：2.

之事。虽然大学生的观念更为开放，不少人已经开始改变这种传统的避讳态度，但仍有一些人对心理咨询存在误解，遇到心理问题时不愿意寻求心理咨询，就算选择了心理咨询，也难以坦诚地表达自己真实的内心。对此，我们应该提升高校心理咨询的专业水平，以事实证明心理咨询的好处；另外，我们应当学习西方国家的观念和态度，并以这些观念来引导大学生改变自己讳疾忌医的观念和行为。

②心理咨询原则与教育理念的借鉴。对于我国大学生心理健康教育来说，引进西方心理咨询并不仅仅要学习理论和技巧，还要开拓思维模式和更新教育理念。我国教育领域一直广泛存在"满堂灌""讲授式"的教学方式，即只着眼于教师的教授，忽略了学生作为人的价值和存在意义；在教育指导思想上偏重于承担社会责任和满足社会需求，忽视了学生作为人的发展和需求，这否定了学生在教学中的主体地位，阻碍了其能动性和创造性的发挥与发展，导致教育难以发挥理想作用。西方心理咨询和心理健康教育体现了新型教育理念，其坚持的心理咨询原则与教育理念是发展、尊重、信任、真诚、平等、体恤、积极关注、以当事人为中心，能够给国内的大学生心理健康教育带来一阵新风。

③心理咨询理论与方法的借鉴。心理咨询起源于西方国家，至今已有一百多年的历史。在这期间，心理咨询无论在理论还是技术上都取得了相当大的成就，其应用领域十分广泛。目前流行的心理咨询方法有数百种，就其理论基础而言大致可归为四大取向：以精神分析为基础的精神分析疗法、以行为主义为理论基础的行为疗法、以人为本心理学为理论基础的人本疗法、以认知理论为基础的认知疗法。在西方众多的心理咨询流派与理论方法中，上述四种理论取向具有基础性、权威性特点，是我们学习和研究其他理论学派的基础，也是我们创建新的理论学派的基础所在。

西方心理咨询理论对我国大学生心理健康教育有积极的借鉴作用，然而，其理论、方法和原则生成和根植于西方文化和西方社会，以西方人性观为基底，该理论重视个性、独立、自由和平等，推崇个人努力和自我实现，这与中国文化所强调的集体意识和社会责任存在冲突。

（二）大学生心理健康教育的综合发展趋势

心理健康教育是一个多层次、多因素，涉及多学科领域的综合性发展的系统教育工程，其综合性发展主要体现为心理健康教育自身内涵及运行的综合性发展。

1.大学生心理健康教育内涵的综合性发展

大学生心理健康教育内涵的综合性发展主要体现在教育目标的完善、教育内容的丰富及教育功能的拓展等方面。

（1）教育目标的综合完善

大学生心理健康教育作为整体教育体系中的一部分，也是有组织、有目的、有计划地开展的。开展大学生心理健康教育首先要制定和完善教育目标，这影响着心理健康教育的内容、方法、评估指标的选择及其教育成效，因此它在整个心理健康教育体系中占据着核心地位。

大学生心理健康教育目标构建受多种因素影响和制约，既要符合素质教育总目标的指向与要求，又要体现大学生心理健康教育的特定价值与关怀；既要从学生心理素质结构一般特征出发，符合其心理素质发展的整体要求，还要从学生个体的差异性及现代心理健康标准出发，体现出心理健康教育的层次性和针对性。因此，大学生心理健康教育目标应是一个既能反映社会、时代的客观要求，又能满足学生个体现实需要及成长发展，具有一定层次性的综合体系。

从层次性来看，大学生心理健康教育既具有教育发展的总目标，又具有在总目标指引与统合下的具体目标。大学生心理健康教育的总目标既能反映国家和社会的总体要求，又能体现大学生心理健康教育培养目标的具体内容。概括地讲，大学生心理健康教育的总目标即通过心理健康教育，引导大学生树立正确的心理健康意识，预防、缓解和消除多种心理问题，培养良好心理品质，增强心理调节能力，提高心理健康水平，充分实现心理潜能，促进大学生思想道德素质、科学文化素质和身心健康素质协调发展。而具体目标是总目标的细化与具体展现。大学生心理健康教育的具体目标是多种多样的，如克服人格障碍、解决失眠困难、改变不良习惯、调节人际关系、增强适应能力、走出恋爱误区、实现自我发展等。在教育总目标的指引下，根据教育对象的差异及所要解决问题的性质，大学生心理健康教育具体目标又可分为不同的层次目标。

第一，心理健康教育的初级目标，即防治心理问题，增进心理健康。具体包括两方面内容：一方面，帮助大学生缓解、消除其在学习、生活及成长中产生的心理困惑和心理矛盾，对少数出现障碍性心理问题的学生做到早发现、早诊断、早干预；另一方面，通过开展心理健康教育活动，提高大学生心理健康水平，使大学生掌握有关预防、识别、调节心理健康问题的基本知识与方法，学会自我心理保健。

第二，心理健康教育的中级目标，即优化心理品质，学会积极适应。积极适应，即学生能够合理应对学习、生活、交往和社会发展中的各种变化，能够表现出与学习、生活、交往活动的变化及社会发展转型要求相一致的心理和行为，从而使大学生能够学会学习、学会交往、学会生活、学会做人，成为适应良好、心理健康的人。

第三，心理健康教育的高级目标，即开发心理潜能，促进自我实现。现代心理学和脑科学的研究表明，人的心理潜能远未能得以良好地开发与利用。作为现代高等教育重要组成部分的高校心理健康教育，其目的不仅在于对大学生心理问题进行预防和消解，而更在于促进大学生心理素质的提升、心理潜能的开发及自我价值的实现。

然而，无论是过去还是当前，在我国大学生心理健康教育领域更多强调的是矫治性目标，即为出现各种障碍性心理问题及学习适应困难的大学生提供心理援助、支持、矫正与治疗，有些学校甚至以不出事、不死人为其重要标准。这一取向使大学生心理健康教育只注重为少数出现心理问题的大学生提供服务，其目标层次仅限于大学生心理健康教育初级目标领域，而忽略了绝大多数大学生所需求的优化心理素质、促进自我实现等更高层次的目标追求。低层次目标领域的徘徊也是我国大学生心理健康教育发展停留于数量与形式上的繁荣，而很难在教育质量与水平上有所突破的重要原因。随着我国大学生心理健康教育事业的不断发展与成熟，随着人们对大学生心理健康教育本质追求的醒悟与理解，心理健康教育目标无论在理论还是实践层面都必将突破单一片面的价值取向而实现各层次目标相互联系、相互制约，以及各阶段目标互有侧重、相互融合的综合发展。

（2）教育内容的丰富多样

大学生心理健康教育内容的确定既是主观也是客观的，一方面大学生心理健康教育的目标、对象、任务决定了其教育内容的客观性；另一方面，人们对心理咨询及大学生心理健康教育认识的主观差异也决定了其内容选择的主观性。因此，大学生心理健康教育内容的划分有多种形式和方法，从横向看，其主要包括人生观与心理健康、学习与心理健康、自我意识与心理健康、情绪与心理健康、人际交往与心理健康、恋爱及性心理与心理健康、挫折与心理健康、个性与心理健康、创造力与心理健康、求职择业与心理健康、心理测验与评估、心理咨询与心理治疗等；而纵向划分主要依照心理健康状况的表现程度，主要包括三个层次：一是心理疾病咨询内容，即帮助有心理障碍、心理疾病的来询者挖掘病源、指导对策、消除危机、解除忧虑；二是情绪适应咨询内容，即针对来询者由于学习、工作、人际关系、性爱、个性、情绪等方面的适应不良而出现的烦恼、忧虑、困惑等提供帮助；三是心理发展咨询内容，即帮助来询者增强自我认识能力、社会适应能力和发展能力，提高心理素质，挖掘自身潜力。

可见，大学生心理健康教育内容既包括对心理健康教育基本知识的介绍和普及，也包括对心理调适方法的传授与应用；既包括对心理异常现象的解析与预防，也包括对智力潜能的培养与开发；既包括对大学生学习生活、适应发展诸方面的关注与指导，也包括对多种心理行为问题的缓解、消防与矫治；既包括以障碍性心理问题解除为主要取向的教育内容，也包括以促进大学生心理素质优化、心理潜能开发为主要取向的发展性教育内容。但就目前我国大学生心理健康教育内容展现而言，该教育更多倾向于心理学基础知识理论的介绍与传授、心理测验的引入与应用、心理问题的消解与关注，而对大学生心理品质的培养、良好习惯的养成、自我应对与调节的引导、心理潜能的开发等成长发展性教育内容有所忽略，从而造成其教育内容选择取向存在偏颇与不足。完善的教育内容是心理健康教育成效得以实现的有效载体，随着人们对大学生心理健康教育内容本质的认识与把握，其教育内容取向必将呈现知识传授与品质修养、问题解决与发展促进相互融合并有所侧重的结合完善的发展趋势。

（3）教育功能的拓展

心理健康教育功能是大学生心理健康教育本质的外在集中显露，对心理健康教育功能加以认识和体悟有利于全面深刻地把握其本质与内涵。

依据大学生心理健康教育的目标与内容，其功能一般可被分为三个层次：初级功能是防治不同程度心理问题的产生与发展；中级功能是增强心理适应，优化心理品质；高级功能是开发心理潜能、促进自我实现。这三级功能的不同体现分别代表了大学生心理健康教育三种不同的教育取向，即问题解决型教育取向、生活适应型教育取向和发展促进型教育取向。这三种教育取向又显示出大学生心理健康教育队伍中不同成员对大学生心理咨询及心理健康教育的不同理解与价值认可。有关大学生心理健康教育功能的认识存在诸多不同的观点，如张大均教授在《大学心理健康教育若干理论的探讨》中对高校心理健康教育功能做了具体阐释：一是促进和维护大学生的心理健康；二是开发智力促进能力发展；三是提高德性修养，培养良好品德；四是培养主体性，形成完善人格；五是养成良好行为习惯，提高社会适应能力。那么，无论是一般分层还是具体阐述，张大均教授对大学生心理健康教育功能的认识都倾向于对"个体性功能"的理解与把握，而对大学生心理健康教育的社会性功能有所淡化或轻视。

心理健康教育的对象是人，教育目的是人们心理问题的消除预防、心理品质的优化提升、心理潜能的开发促进、综合素质的发展与完善。因此，心理健康教育把个体性功能放在十分显要的位置。如心理咨询一向强调为求助者个体服务，对求助者负责、为求助者保密、以求助者利益为重是国内外学者所遵从的咨询原则之一，而美国心理咨询大师罗杰斯的求助者中心疗法更是强调个体性功能的典型。而心理咨询、心理健康教育受到人们的普遍欢迎与重视，也与其对个体性功能的关注密切相关。然而，强调心理健康教育的个体性功能并非意味着心理健康教育没有社会性功能或者可以无视其社会性功能，心理健康教育在个体性功能的背后隐藏着其重要的社会性功能。事实上，心理健康教育正是在促进个人心理健康、人格发展、潜能开发的过程中，促进了个人生产（学习）积极性的提高、人际关系的和谐、道德品质的完善、价值观念的提升，从而创造了良好的社会心理氛围，维护了社会的稳定与和谐，并最终促进了社会的文明和进步。中共十六届六中全会提出的《中共中央关于构建社会主义和谐社会若干重大问题的决定》把注重促进人的心理和谐，加强人文关怀和心理疏导，引导人们正确对待自己、他人和社会，正确对待困难、挫折和荣誉；加强心理健康教育和保健，健全心理咨询网络，塑造自尊自信、理性平和、积极向上的社会心态提到了"建设和谐文化，巩固社会和谐的思想道德基础"的高度，这正是心理健康教育社会性功能的生动体现。心理和谐是社会和谐的心理基础和重要组成部分，那么心理健康教育也是构建社会主义和谐社会、促进我国现代化发展的重要内容和力量。

2.大学生心理健康教育运行的综合化发展

大学生心理素质的优化和发展是一个涉及学校、家庭、社会等多重因素的系统工程，仅靠高校心理健康教育自身的力量是不够的，心理健康教育的运行和发展需要形成科学的综合化取向。

（1）教育体系网络化

随着人们生活质量的提高和教育发展的深入，心理健康教育不仅是一套教育方法技术，更是一种先进教育观念。随着这种观念的不断更新和深入人心，心理健康教育将渗透于学校教育工作中教育观、学生观、人才观、服务观和管理观念等方方面面，成为每一位大学生追求身心和谐、健康发展的内在需要，成为学校整体工作的有机组成部分，并与学校各级管理和服务部门一起构成大学生心理健康保护网络，共同促进大学生心理健康发展和高校心理健康教育的有效运行。根据访谈及相关调查研究，我国高校在心理健康教育实践领域逐渐形成了"校—系—班"三级心理健康教育网络体系：以学校分管思想政治教育工作的校领导为指导、以心理咨询机构为核心的校级心理健康教育网络；以各院系主管学生工作的领导和辅导员组成的系级心理健康教育网络；班级心理健康教育网络由经过选拔和定期培训的学生志愿者所组成。在三级心理健康教育网络体系中，校级网络为中心，组织协调校、院、系各级心理健康教育工作的开展与整合；系级网络为重点，积极配合学校心理健康教育工作的开展，并负责为学生诸多现实问题的解决提供及时必要的帮助；以学生为主体的班级教育网络成员，既可归属于大学生心理协会，直接与学校心理咨询机构建立联系，也可以有计划地被安排在各个班级和寝室，与系级教育网络直接联系。班级教育网络成员可在与同学朝夕相处的生活中，给予那些心理需要关怀的同学以经常性的支持，注意营造和谐的班级、寝室环境，有意识地调节同学交往关系，可把自己和身边同学遇到的心理问题或异常表现及时反映给系级网络或校级咨询机构，从而使教育人员能迅速准确地把握学生的心理动态，及时发现问题，有针对性地开展教育工作。在这个三级网络体系中，校级网络的专业水准和整体规划，以及班、系教育网络中辅导员与学生志愿者的有效培训是三级网络体系实现有效运转的难点与中心。尽管就当前我国大学生心理健康教育实际状况而言，三级网络体系大多还限于理论层面的完善与构想，但其作为一种综合化发展的教育理念与趋向，将是我国大学生心理健康教育实现综合化发展的选择与取向。正如江光荣、林孟平在《我国学校心理辅导模式探讨》中所言：学校辅导是学校教育一盘棋中的一部分，不是学校教育的全部。在设计学校辅导模式时，教师应从学校教育的整体出发来考虑，注意与其他部门和员工的联系与合作，避免白白丧失众多辅导资源；应该有意识地探索一种综合性的学校辅导模式，即把学校各种辅导资源充分调动起来，创造一种整体性的辅导氛围或环境，使得学生在这样一种具辅导精神的环境中成长和发展。中国香港在 20 世纪 90 年代后开始推行的学校辅导模式就是沿着这个路子走的，其名称为"全校参与的辅导方式"。

　　大学生心理健康教育是由学校、家庭、社会多方教育资源及大学生自我教育力量共同构成的综合教育体系。在这个综合化教育体系中，学校心理健康教育是促进大学生心理素质优化完善的主导因素，但家庭与社会在大学生心理健康发展过程中有着不可低估的重要作用。校园是大学生学习和生活的主要场所，但校园不是封闭的，大学生心理健康问题的产生和发展与他们的家庭和社会背景有着密切关系。对于个体成长发展而言，家庭教育不仅是一种启蒙教育，更是一种终身教育，家庭影响不仅可以使大学生坚强、努力、乐观、自信，也可以给他们带来压力、负担、情绪的波动和个性的不足。大学生许多心理问题的形成往往有其家庭方面的原因，甚至可追溯到其童年时期的经历，而这些问题的最终解决还必须依靠学生家庭的支持与配合。从社会影响因素来说，一方面，学生心理问题的产生与社会环境因素的影响直接相关。当前我国正处于改革开放和社会主义市场经济快速发展的转型时期，人们的思想意识、道德观念及生活方式等发生了深刻的变化，大学生普遍面临着学业压力、就业压力、经济压力和社会适应的压力，一些大学生还不同程度地遭遇着价值迷茫、信念模糊、信仰缺失、心理失衡、身心疲惫等不良心境的困扰；另一方面，大学生心理压力的缓解与减负必须得到国家与社会的帮助和参与，如就业机会的公平与增加、助学贷款的效应与保障、社会公正的提升与彰显等。同时，大学生心理健康教育工作还要与专业机构建立密切的合作关系。虽然大学生心理健康教育正在向专业化方向发展，但教师专业化水平有待进一步提高，一些障碍性心理问题的矫正与治疗并非仅仅通过言谈就能完成，而配合一定医疗手段如药物辅助则效果显著，如抑郁症、焦虑症往往需要借助药物予以控制。虽然大学生心理健康教育以发展性教育内容为主体，但障碍性咨询和教育内容也不容漠视或忽略。在一定条件下，因障碍性心理问题而导致的恶性事件所产生的负面影响对大学生心理健康教育产生着强烈的冲击。就目前我国大学生心理健康教育整体水平而言，解决此类问题还有一定的难度，高校需要与一定的专业机构建立长期联系，及时将部分出现严重障碍性心理问题的大学生介绍到专业机构接受专业治疗与帮助。此外，一些大学生出现心理问题根源于身体健康问题所引起的情绪波动与心理压力，需要与医疗部门联系，从医治身体疾病、恢复身体健康着手。因此，心理健康教育机构与专业医疗机构的不断合作也是大学生心理健康教育工作的必然发展趋向。

（2）教育参与全员化

教育参与全员化是大学生心理健康教育体系网络化发展的必然要求。在教育部《关于进一步加强和改进大学生心理健康教育的意见》中，除强调建设一支以专职教师为骨干，专兼结合、专业互补、相对稳定、素质较高的大学生心理健康教育和心理咨询工作队伍外，相关人员还明确指出高校所有教职员工都负有教育引导大学生健康成长的责任。要根据学生思想动态和心理状况，在教学、管理和服务中，有意识、有针对性地做好教育引导工作。因此，以主管校领导为支持、以专兼职心理健康教育专业队伍为核心、以各系学生工作者为桥梁、以广大教职员工的积极参与为辅助、以大学生群体为主体的全员化教育参与发展趋向也是我国大学生心理健康教育综合化发展的重要方面。

在教育参与全员化的综合发展中，主管校领导的重视和支持非常重要。首先，大学生心理健康教育涉及心理咨询机构的建设和完善、教育经费的下拨与到位、专业队伍的培训与健全、各级职能部门的合作与协调、学生心理健康信息的收集与反馈等，必须有一位主管领导全面考虑和专职负责，把相关的任务落到实处，既对学校负责，也对全体学生负责。其次，应充分发挥心理健康教育专兼职队伍的专业指导与业务规划职能。以心理咨询为重要工作内容的心理健康教育是专业性色彩浓厚的工作领域，没有心理健康教育专业人员的技术支持与指导，难以取得应有成效和实现专业化发展。最后，应重视各系辅导员、班主任等学生工作者的教育参与。由于各系辅导员、班主任长期工作在学生工作的第一线，与大学生有紧密联系，比较熟悉大学生的生活和心理行为特点，他们能够及时准确地发现大学生存在的问题，把握其心理发展的动向。同时，他们一般又有着较强的责任心和工作热情，有着与学生交流的工作经验。因此，在一定专业培训的基础上，他们能够很好地发挥承上启下的教育桥梁作用。对此，在《教育部卫生部共青团中央关于进一步加强和改进大学生心理健康教育的意见》（教社政〔2005〕1号）中也有明示：要重视大学生思想政治教育工作人员，特别是辅导员和班主任在大学生心理健康教育中的重要作用，加强培训，使他们了解和掌握心理健康教育的基本知识和方法，帮助大学生处理好学习成才、择业交友、健康生活等方面遇到的具体问题，提高思想政治教育的针对性和实效性。此外，广大教职员工的教育辅助作用也不容忽视，对此，高校不应要求他们在专业技能或专门化心理健康教育工作方面介入，而应要求他们在日常教学、服务、管理工作中具有心理健康教育的意识和观念，并通过各方面的工作对大学生心理健康和发展产生积极的影响。如前所述，在学科教学中实现心理健康教育的渗透与融合是我国大学生心理健康教育重要方式之一。再如，校园环境的创建与改善、宿舍管理的规范与灵活、公寓管理人员的态度与方式等与大学生日常生活息息相关，并对大学生日常心理、情绪状态及人格发展有着潜移默化的重要作用。而对大学生来讲，一方面，学生是自己心理素质形成发展的主体，各种教育力量和影响源必须通过大学生自身积极性、能动性的发挥才能被内化为学生自身的心理品质，助其自助是高校大学生心理健康教育的重要指向；另一方面，许多大学生也通过互相关心帮助、情绪感染、主动调节、群体影响、及时发现问题并与相关老师联系反馈等多种方式积极参与到心理健康教育工作中，成为大学生心理健康教育的重要力量。

　　（3）教育阶段全程化

　　在大学生活的不同阶段，大学生面临着不同的心理问题，存在着不同的心理需要和心理发展任务。大学生的心理健康不存在性别差异，但其年级差异显著，大一学生容易出现焦虑、人际敏感、抑郁、敌对、恐惧、偏执等心理问题，心理健康水平显著低于其他年级学生，大三学生心理健康水平也较差，这反映了大一学生存在适应不良的现象，而大三学生会面临恋爱、学习、升学与就业的诸多压力。因此，在大学生心理健康教育实施的整个过程中，高校需要有针对性地对各年级大学生开展不同内容的心理健康教育，这既存在着与大学生活各年级发展相协调的阶段性目标，也存在着与这些目标相对应的阶段性教育内容，这些序列有致的阶段性目标和各有侧重的教育内容内在地要求和体现着大学生心理健康教育全程化发展趋势。

从大学生心理发展来看，不同年级大学生所面临的心理发展问题具有显著的差异，并可呈现出一定的规律性：处在转变期的大一新生，面临的重要发展任务是适应，即如何适应新的学习、交往和生活环境。因此，对大一学生开展心理健康教育活动的重点是通过入学心理适应教育，使大一学生更好地认识自我、悦纳自我；认识环境、适应环境；了解专业、热爱专业；认识同学、交好他人。大二、大三学生面临的主要发展任务是学习求知、人际交往、恋爱情感、目标定位、人格完善等成长发展性心理问题，此阶段的教育活动应侧重于通过心理健康教育使其形成恰当的成就动机，具备人际交往的基本观念与技能，确立健康的情爱观，初步厘清价值追求，不断发展健全人格，实现与周围环境及社会发展的良好适应，促进自身的成长与发展。处于毕业阶段的大四学生，面临的主要问题是求职择业与走向社会，此阶段的教育重点是帮助他们确立适当的就业期望，进行正确的职业定位，提高挫折应对与承受能力，增强竞争意识和社会责任感，在知识、体格、人格能力方面为进入社会做准备。而另一方面，在大学生活的不同阶段，大学生所面临的同一个发展课题又有不同的发展内涵。以人际交往为例，虽然依据大学生活发展的阶段特点，我们可将其界定为大学二、三年级心理发展的重要内容，但各年级教育内容并非静止地孤立，而是在差异中具有内在的相通。大学一年级人际交往的辅导内容主要是对大学新环境中人际关系的适应，根据交往对象的变化调整自己已有的交往观念和交往方式，掌握与人交往的原则与技巧，克服人际交往的偏见；大学二年级人际交往的辅导内容主要侧重于小群体交往指导，如宿舍人际交往中宽容大度、求同存异、真诚关爱的交往观念，注重培养大学生与人沟通的技巧；大学三年级人际交往的辅导内容主要是克服交往障碍，学会自我调控，培养群体精神和合作精神，了解交往策略；大学四年级人际交往的辅导内容主要有人际角色训练，学会识别自己和他人的人际角色，学会扮演自己的人际角色，学会建立自己的人际网络，学会增强自己的人际交往能力和魅力。因此，大学生心理健康教育要兼顾各阶段大学生不同的心理行为特点与发展课题，要体现不同年级大学生发展任务的不同侧重，就必须从整体出发，在教育过程中体现出教育活动的阶段性和各年级差异性，以将心理健康教育贯穿学生成长全过程。

（三）大学生心理健康教育专业化发展趋势

1. 大学生心理健康教育专业化发展的内涵

随着经济发展、科技进步及社会分工的细化，社会职业的专业化已成为21社会发展的一种重要趋势和时代特征，这不仅体现在医生、律师、工程师、会计师、教师等职业上，而且也必然会体现在大学生心理健康教育工作领域。大学生心理健康教育是高校适应高等教育改革和现代社会发展变化的需要而产生的一门新兴的应用心理学科和大学生思想政治教育工作新领域，是一项专业性要求很高的工作领域。学校心理健康教育属于较为专业化的职业范畴，它对从业人员有着较高的专业要求，对职业行规有着严格的专业标准，存在着师资专业化和职业地位专门的现实性和必要性，只是以我们目前的条件和状况尚未达到而已。

我国大学生心理健康教育专业化就是指摒弃传统经验式、纯技能式的工作方式，以正规化、专业化、学术化的专业理念为指导，以科学性、系统性的专业理论为依据，以知识性、技术性、实践性的工作队为条件，以专门性、明确性的组织机构为依托，以国家政策和法律法规为保障，逐步实现我国大学生心理健康教育从普通含混的学生工作到专门专业性学生教育工作的不断深化的发展性建设过程。具体来讲，我国大学生心理健康教育专业化过程包括大学生心理健康教育专业地位的确立和心理健康教育队伍专业化实现两大方面。前者是针对大学生心理健康教育职业整体而言，后者则更多地关注心理健康教育从业人员个体的知识、技能、人格及实践水平。其中心理健康教育队伍专业化实现是大学生心理健康教育职业获取专业地位的基础和条件，高等教育界只有不断提高从业人员的专业水平，切实增强心理健康教育的咨询效果和服务质量，才能使心理健康教育工作真正成为一种受人尊敬，并具有较高社会地位的专业；而职业地位的确立又从根本上影响着从业人员专业化的进程和水平。从大学生心理健康教育专业地位的确立到心理健康教育队伍专业化的实现，是我国大学生心理健康教育专业化发展过程中对外在条件的追求和对内在素质及专业能力完善与提升的双向结合。

就当前我国大学生心理健康教育的现状而言，心理健康教育的重要价值和社会地位已经得到了社会各界的认可和重视，国家教育行政部门先后颁布了一系列相关文件，强调心理健康教育是新形势下高校拓展和发展思想政治教育的有效途径，明确心理健康教育是高校大学生素质教育的重要组成部分。可以说，没有国家教育部门的行政支持和推动，我国大学生心理健康教育就不可能有今天快速普及、繁荣发展的景象。然而，在国家教育行政支持力度加大的同时，我们必须深刻认识到心理健康教育更是一项科学性要求很高的专业工作，它需要系统全面的专业理论支持，需要打造正规专业的教育队伍，需要可持续发展的专业策略。大学生心理健康教育价值的有效实现、教育效果的显著提高、专业地位的全面认可不仅仅是靠教育行政文件的督促和推进所能顺利完成和实现的。教育行政文件的指示和命令可以使高校心理健康教育工作在形式上快速启动和普及，但不能使之持之以恒、有效实在地开展下去。对于大学生心理健康教育来说，心理健康教育的专业本质及其专业化发展才是借助国家支持实现其顺利发展的根本所在。

我国大学生心理健康教育专业化是专业地位确立及教育队伍专业化实现的双向结合，其中教育队伍专业化实现是心理健康教育专业地位确立的基础和前提，没有以专业化的教育队伍为依托，没有以高质量的教育效果为保障，心理健康教育专业地位的实现可谓"空中楼阁"，乃无源之水，无本之木。因此，本书认为，高校要以加强心理健康教育队伍专业化建设为契机，以此带动和促进大学生心理健康教育专业理论构建、实践技能培训和职业道德修养的优化，从而保障心理咨询和心理健康教育的服务质量与水准，提高咨询效果与教育影响，并由此促进大学生心理健康教育专业地位的提升，这是当前我国大学生心理健康教育专业化进程的理想选择。

2.我国大学生心理健康教育专业化发展策略

（1）确立学生心理健康教育专业化理念

心理咨询不同于简单的谈话聊天，心理健康教育也不同于一般的学生事务工作，大学生心理健康教育在理论上有其独特的专业内涵，在实践中有其规范的专业要求，绝非任意行为，也绝非什么人都可以涉猎。我国大学生心理健康教育之所以得以存在并迅速发展，其实就在于它是一项专业行为，属于专业领域，有其专业成效。因此，专业化理念的确立应是实现大学生心理健康教育专业化发展的观念前提。

一些教育人员由于缺乏必要的专业理念和知识技能，在工作中凭感觉行事，忽略了心理健康教育专业本质所要求的规范、严谨与科学性。如许多高校普遍开展的大学生心理普查和心理档案建设工作，这是一项专业性、科学性要求极高的工作，涉及心理测验量表的科学选用、心理测量向度及效度的权衡、测验结果准确性的影响因素、测验结果的有效分析、对心理测验中可能有心理问题的对象如何进一步鉴别与验证、对有心理问题产生倾向的大学生如何辅导和预防、测量后与学生所在院系的相关老师如何沟通、学生心理普查资料如何有效使用和保存等，而这些工作内容绝非教育人员能够随意所为或知其然而不知其所以然的。因此，尽管这项工作在一些心理健康教育水平与层次较高的学校取得了较好的成效，但就目前我国大学生心理健康教育整体水平而言，绝大部分学校心理普查与建档工作的规范性、严谨性、专业性有待进一步增强，许多学校只是做了普查而没有下文，甚至由于工作的失误与随意而给一些大学生带来了意想不到的伤害与影响。不可否认，专业化建设是一个长期、持续、需要不断探索与发展的渐进过程，不能操之过急或求全责备，但许多问题的出现不仅仅是因为教育人员专业技能与水平不足，而且在于一些心理健康教育人员并没有真正确立起专业化的教育理念，缺乏必要的专业意识、科学精神与严谨态度，其结果往往在关心同学、热心助人、积极工作的心理背景下降低了学生的求询热情和对心理健康教育的基本信任，从而把大学生心理健康教育引向了歧途，异化了其本来的面目。

（2）构建心理健康教育专业化师资队伍

就目前我国大学生心理健康教育发展现状而言，专业化师资队伍建设应是我国大学生心理健康教育专业化发展的核心。如前所述，以加强大学生心理健康教育队伍专业化建设为核心，以此带动和促进高校心理健康教育专业理论构建、实践技能培训和职业道德修养，从而保证高校心理咨询和心理健康教育的服务质量与水准，提高咨询效果与教育影响，并由此促进高校心理健康教育专业地位的提升，是当前我国高校大学生心理健康教育专业化进程的理想选择。

根据国家教育政策文件，高校所有教职员工都负有教育引导大学生健康成长的责任，应依据学生思想动态和心理状况，在教学、管理和服务过程中积极参与到心理健康教育工作中去。在此，笔者认为大学生心理健康教育队伍，即受过正规教育和培训，已取得相关教育资格证明，经过正式任命，负有学校明确赋予的职责与权利，以大学生心理咨询和心理健康教育为主要工作内容的教育队伍。

第三章　大学生异常心理及心理困惑

大学生是心理疾病的高发人群，了解青年期心理异常的特点和规律，正确处理常见的心理困惑、各种身心疾病、适应性障碍、神经症性障碍、人格障碍等，对于大学生心理健康发展十分重要，本章为大学生异常心理及心理困惑，分别介绍了三个方面的内容，依次是异常心理的判别、大学生常见的心理困惑、大学生常见心理疾病。

第一节　异常心理的判别

一、心理异常

如何判定一个人心理是否异常，心理是否出现障碍呢？是否存在一道清晰的分界线来区分心理正常行为和不正常行为呢？一般来说，专家会根据个人的行为来判断他们是否存在异常心理。描述心理异常的七项标准如下。

①痛苦或功能不良。个体因遭受痛苦或出现功能障碍，导致身心逐渐退化或行动能力丧失。

②行为方式妨碍目标达成。一些人的不适当的行为会干扰其目标的实现，甚至可能会严重影响他人目标的实现。例如，有些人总是酗酒，无法工作，或者因为酗酒而对他人的安全造成威胁。

③非理性。个体的行为或言辞可能缺乏理性，或者难以被他人理解。如果个体对事实上根本不存在的声音有反应，那么这种行为是非理性行为。

④不可预测性。个体在不同情境下的行为是不可预测的或无规律可循的。举个例子，一个孩子无缘无故突然用拳头打碎了玻璃，这种行为属于不可预知的。

⑤非惯常性和统计的极端性。个体的行为是极端的，并且违反了社会所普遍认可的行为准则。

⑥令观察者不适。个体因使他人受到威胁或使他人感到痛苦而引起他人的不适。当一个人在公共场合高声说话或者自言自语时，这可能会让周围的人感到不适。

⑦对道德或理想标准的违反。个体违反了社会规范对其行为的期望。

可以从以上的条目中看出，判定心理异常的指标并不是显而易见的，没有哪一条标准可以单独作为充分条件来区分异常行为和正常行为。正常与异常之间的区别不是来自两个完全不同的行为类别，而是由一个人的行为是否符合公认的正常标准的程度而定。最好将心理异常理解为一个从心理健康到心理疾病的连续体。

二、心理异常的诊断标准

（一）判断心理异常的总体指导原则

判断个体的心理活动是否正常，是否具有心理疾病，其标准并不是非此即彼、黑白分明的，往往参照一些原则进行衡量。判断心理异常的总体指导原则有三条。

其一，个体行为是否与其所处情境的要求相符合，即主体的心理活动是否与环境具有统一性。

其二，个体自身的心理活动是否具有完整的协调统一性。

其三，个体的个性特征是否具有相对的稳定性。

（二）心理异常的判定标准

在对心理异常实施诊断的操作过程中，所运用到的判定标准如下。

1. 经验标准

患者有主观体验，可能因为心理疾病而产生一些不愉快的感受或无法控制的行为，导致困境难以解脱。此时，患者自我判断存在心理疾病，并主动向医生寻求帮助。然而，仅把患者个人主观经历作为判断标准是不足以诊断或评估疾病的。有时候，当心理疾病严重到一定程度时，患者无法对自己的心理状态作出正确认识和评估，即难以客观地认识和评价自己的情况。有时候，某些心理疾病患者，比如反社会人格障碍者，他们并没有意识到自己的异常心理。

在制定经验标准时，医生的主观经验和感受也需要考虑进去，包含医生对从患者身上获取的诊断信息的理解和处理方式。当医生与患者的心理状态相似时，医生可能会把患者的情况视作正常；相反的情况则被视为异常。由于个体的差异性，这种经验标准不太可靠。

2. 社会适应标准

个人的行为受限于他所处的社会文化环境，因此必须遵守社会对其行为作出的规范。为了与社会环境相适应，人们的行为必须遵循社会规范并遵守道德准则，以获得自身的发展。然而心理和行为的异常是和社会的正常状态相对的。通常情况下，可以根据一个人在人际交往中所表现出来的态度和行为以及与他人的关系、社会适应状况等方面，来判断他的心理是否异常。当使用此标准时，必须留意社会文化差异，因为某些心理和行为在某个社会文化背景下可能被视作正常，而在另一个社会文化背景下，则可能被视作异常。

3. 社会常规模型和统计学标准

通过对群体中某种心理特征的分布进行测算并进行比较，将异于常态的心理特征视为"正常的偏离"。

4. 精神症状标准

心理疾病一定会在外部表现出来，可以是个人主观感受或行为动作。各种心理疾病的症状是异常心理活动在临床上的表现。因此，是否有精神症状可以作为评估心理状态是否正常的依据。此外，根据症状的不同内容、形式以及它们之间的组合和相互关系，可以对心理障碍进行更细致的分类。重性精神病症状，如幻觉、妄想等，与正常的精神活动存在显著的本质区别。通常情况下，焦虑状态属于一种精神症状，它与正常精神活动之间的区别仅在于程度上的差异。对于后一种情况，要判断它是否属于精神症状有一定难度，需要综合具体的情况作出分析。在日常生活中，我们会因为经历的事情而产生一系列情绪反应。例如，当遇到一些令人高兴的事情时，我们就会感到愉快；相反，当遭遇挫折和困难时，我们可能会感到沮丧和郁闷。这些情绪反应都是正常的心理活动。如果情绪问题持续时间长，并且程度超出客观事件所应引起的程度，影响了个人的社会功能，就可以被视为精神症状。

（三）心理异常的表现

心理异常的个体主要表现为以下 3 个方面。

1. 心理机能失调

心理机能失调指的是认知、情感或者行为机能损坏。例如，逛街本是一件很有趣的事情，但是一个人整个下午都处于不可预料的强烈的恐慌之中，感到呼吸困难、头晕眼花，总想赶快逃走……如果在他每次出门逛街的时候都发生这样的情况，那就表明这个人的情感活动不正常。但划分正常和异常的机能失调之间的界限是很困难的，因为这些症状经常被认为是延续的，也就是说，只有机能失调，不足以达到判断心理异常的标准。

2. 个体痛苦

心理异常状态和异常行为与忧伤这一情绪有关，如果个体感到心理极端痛苦不适，就符合心理异常的标准。对于广场恐惧症患者而言，他们每次上街都会非常痛苦。尽管大多数心理异常的患者存在清晰的痛苦感，但是单纯用痛苦来定义心理异常并不可行。

3. 非典型的或非文化所预期的行为

在心理和行为方面的表现偏离了正常范围，这种现象通常被称为心理异常，它是相对于心理健康状态而言的。心理活动正常与异常的判断标准并不是黑白分明的，不像躯体的生理值如体温、血压、肝肾功能等，通过各种检查便可以判断身体功能的发展状态。心理健康和不健康之间没有绝对的界线。心理健康的个体在生活中同样具有各种情绪问题，同样会遇见各种烦恼，但人们可以根据自己的情况进行调整，保持心理状态在正常的范围内动态发展。

第二节　大学生常见的心理困惑

从当前的情况看，多数大学生的心理是健康的，表现为有较高的智力水平，有强烈的探索精神，对学习有浓厚的兴趣，学习效率较高；有稳定的情绪，乐观自信，充满朝气和活力，对于未来满怀憧憬；有比较健全的意志，有自制力，为了自己的目标不懈地努力；人格完整统一，敢于竞争，努力向上，积极进取；有比较完善的自我意识，能较好地认识和接纳自己；有良好的人际关系，能够和平友好地和同学相处，有自己的知心朋友；对环境能够较快地认识，善于进行自我调节，适应良好。

但是也有一部分大学生的心理健康状况不容乐观，甚至有一些学生存在精神疾患。有调查显示，近几年来，大学生群体中存在心理问题的学生人数有增加的趋势，大学生在成长发展中总会碰到一系列的问题，常见心理问题主要有人际交往中的心理问题、恋爱心理问题和就业心理问题等。

一、大学生常见的人际交往问题及调适

在大学阶段，大学生在生理上已经具备了成年人的体格及各种生理功能，但其在心理上还没有完全成熟，还处于走向成熟的关键期。在人际交往过程中，大学生往往存在着一些严重的社交心理问题，这使其人际交往受到阻碍。对于这种情况，大学生应当正确对待，不可逃避，要学会一定的调适方法，使自己有一个良好的人际关系。

（一）自卑心理及调适

1. 自卑心理概述

自卑是指个体认为自己在某个方面或几个方面不如他人的情感体验。它有时也被认为是一种性格上的缺陷。大学生如果心理上存在自卑情绪，通常会更加敏感并缺乏自信，他们经常低估自己的形象、能力和品质，并且经常采取过于谨慎的方式处理事情，试图避免遇到困难，这种行为可能使其错失很多发展机会。此外，自卑的人常常用自己的缺陷和别人的优势相比较，认为自己在各个方面都不如他人，因此在人前自惭形秽，失去了自信心，心态悲观且沮丧。如果大学生太过忧虑自己的不足，可能会对他们的人际交往、学业和生活造成很大的困扰。

2. 大学生人际交往自卑心理的调适方法

第一，正确认识自己，客观评价自己，善于发现自己的长处，肯定自己的成绩。

第二，培养乐观的生活态度，建立自信心。

第三，时常进行积极的自我暗示。例如，常对自己说"我能行，我一定能行""我很放松，我能做好""我感觉自己不错"等话语。

第四，学会培养自信行为。培养自信心的方法有很多，大学生可从一些简单的方法做起，如讲话时敢于盯住对方的眼睛；讲话时声音洪亮，不吞吞吐吐；锻炼自己能径直向对方走去的勇气；等等。

（二）孤僻心理及调适

1. 孤僻心理概述

孤僻是指个体性情孤独怪异，难以与人正常相处。许多大学生在学习生活中常常表现出缺乏交往的热情和兴趣，他们可能会自我封闭、过度自信，表现出孤芳自赏的行为，并且会因此出现严重的孤僻心理问题。

一些大学生有严重的孤独症状，因此缺乏对他人的信任，不喜欢与人交谈，也不愿意参加集体活动。长时间的处于这种状态会导致他们变得寡言少语、感情冷淡、不善于交际。由于他们给人留下了高深莫测、难以捉摸的印象，使人无法接近，因此很难有知心的朋友。若持续将内心关闭起来，反而会强化自我封闭的思维模式，在行为上表现出强烈的自我保护意识，进而造成人际关系的严重失调。

2. 大学生人际交往孤僻心理的调适方法

第一，解除思想顾虑。克服孤僻、封闭的心理定式，积极主动地与人交往。

第二，恰当地自我暴露，主动敞开自己的心扉，敢于让别人了解自己。

第三，培养充分表达自己欲望和情感的心态，让自己融入集体之中，拥有更多的朋友。在与同学的交往中，大学生应呈现一种真诚、坦率的心态，多关心、帮助别人，以心换心，以情换情。

（三）恐惧心理及调适

1. 恐惧心理概述

恐惧是指个体企图摆脱、逃避某种情境而又无能为力的情绪体验。在人际交往中，恐惧心理主要表现为害羞、脸红、说话紧张、害怕与人交往等。

社交恐惧心理一般分为两种：一种是气质性恐惧，即抑郁气质类型的人，主要表现为生性孤僻，害怕与人交往，常常怀有一种胆怯的心理；另一种是挫折恐惧，即遇到突发事件后产生的恐惧心理。

大学生的恐惧心理问题往往比较复杂，造成这种现象的主要原因是缺少实践机会，导致交往能力不足，因为害怕表现不佳而受到他人的嘲笑和批评，进而引发心理失衡。另一个原因是缺乏自信，并且过分关注自己的尊严和成功，在避免失败的同时，不可避免地出现了社交恐惧症。

2. 大学生人际交往恐惧心理的调适方法

第一，要正确看待人际交往。大学生害怕交往主要是因为对交往缺乏正确的认识。任何一个人都不是完美的，所以不必对自己有太高要求，不必要求自己事事得体，处处大方，要以一种平和的心态去与人交往。

第二，期望值不可过高。想要与人建立关系时，不要期望一蹴而就，要注意克服自卑心理，先与自己熟悉的人交往并从中获取良好的交往经验，再适当推广至和一般朋友、陌生人的友善交往，最终战胜社交恐惧。

第三，适当运用自我暗示法。在交往中，当恐惧来临时，可以用言语进行自我暗示，如"我不害怕""我能行""我不比别人差"等，这种方法能够有效消除人际敏感，摆脱那种过多考虑别人评价的思维方式。

（四）嫉妒心理及调适

1. 嫉妒心理概述

嫉妒指的是当个人看到他人成功，而自己却无法达到同样的成就时，所产生的一种情感反应。这种情感由羞愧、愤怒、怨恨等多种情绪复合而成。嫉妒是一种消极的心理特征。

妒忌情绪主要来源于两种错误的看法，第一种是认为他人已经取得了成功，这表明自己没有取得成功，认为而他人的成功就是自己的失败。另一个观点是他人的成功会对自己的地位和利益造成威胁和损害。嫉妒是比较的产物，个体把自己的才能、品德、容貌、名誉、地位、境遇、成绩等与身边的人进行了不合理的比较，从而使心理失衡，产生各种消极的内心体验。在人们的生活环境和心理空间中发生的各种事件是导致嫉妒产生的原因。略微的嫉妒能够让人感受到一种压力，从而激发出追求进步、超越他人的动力，让人积极奋斗、不断进取。在嫉妒过度的情况下，人们往往会感到焦虑和产生敌意，而这种情绪往往会损害自身利益。

大学生的嫉妒心理扼杀了一部分大学生的进取心，他们往往不相信自己有能力、有毅力，但又不奋起直追，不反省自己，而是觉得别人想让自己难堪。这样的心理使校园生活失去了应有的活力，也严重阻碍了大学生的人际交往。

2. 大学生人际交往嫉妒心理的调适方法

第一，要进行恰当的对比。人无完人，任何人都会有一定的不足。在与他人作对比时，不仅要看到别人的优点和自己的缺点，还应当看到自己优于对方的地方和对方的缺点。另外，不要经常与比自己强的人比，适当地与不如自己的人相比，以寻找自己的长处。

第二，纠正自己的认识偏差。千万不能把别人的成功当成是自己的失败或对自己的威胁，而要向别人学习，努力赶上别人。

第三，保持良好的心态，学会引导法，即努力使自己的思想积极升华，把不服气的心理引导到积极的方面。在任何群体中，都会存在一些具有出色表现的人，同时也会有一些表现相对较差的人。虽然我们可以尽力迎头赶上，但如果失败了，我们不应该强求。相反，我们应该将其作为前进的动力，并且持续不断地提升自己。

第四，客观地认识自己性格上的弱点，并积极克服它。这就需要我们加强性格塑造，逐渐形成不图虚名、心胸开阔、坚毅自信的性格特征，最终消除严重的嫉妒心理。

（五）猜疑心理及调适

1. 猜疑心理概述

猜疑可以理解为怀疑并作出猜测。猜疑心理是一种复杂的情感体验，由主观推测产生，使人产生不信任的感觉。猜疑心强的人常常怀疑别人的想法和行为，对于身边人的话语和行为表现得过分警觉、敏感和缺乏信任。

猜疑是影响大学生之间正常交往的一大障碍，其不仅会引起彼此间的关系疏远和分裂，还可能导致严重的冲突和对立。当遇到心存猜疑的人时，往往让人感到无计可施，无法有效地解除对方的猜疑，因此大学生也会试图避开那些容易怀疑他人的人。

产生猜疑的原因主要有以下三点。

第一，当一个人的思维被限制在狭小的信息范围内时，他会基于自己所想象的信息进行分析、推理和判断，这样就会导致自我满足，出现怀疑的情况。

第二，当个体对他人缺乏信任，就会习惯性地怀疑别人，产生猜疑心理。

第三，交往挫折经历。猜疑有时源于对他人缺乏全面、准确的了解，这会导致相处不愉快，从而产生一种心理自我保护的需求。有些人就因为不谨慎而被人欺骗，损失惊人的财物和导致心理上的创伤，遭受了极为惨重的情感伤害。因此，他们开始丧失对他人的信任，并且陷入了自我封闭和自卑的状况，这极大地限制了他们的社交。

2. 大学生人际交往猜疑心理的调适方法

第一，正确认识他人。通常情况下，人们会对陌生人产生谨慎心理，这是一种正常的预防措施。然而，我们不应过于多疑，而应该在交往中认真观察和了解他人，掌握他们的性格、处事方式等。只有正确而全面地了解他人，才能减少或避免过多的猜疑。

第二，善于分析信息。当得到关于某人的信息时，要对信息和信息源认真、冷静地鉴别，不能别人说是什么就是什么，尤其是对于那些惯于搬弄是非的人，要保持警惕，切勿轻信。

第三，及时沟通。当出现疑点时，不要毫无根据地乱猜测，而是要及时、主动与自己所怀疑的对象多接触、多交流，以消除疑虑。

二、大学生常见的恋爱问题及调适

正常、和谐的恋爱通常都会给大学生带来美妙的感觉，并对其未来人生产生积极的作用。但是，由于生理发育成熟而心理尚未完全成熟的矛盾、丰富的情感与脆弱的理智的矛盾，大学生在恋爱中又往往出现各种困惑，这些困惑严重影响着他们的身心健康发展。因此，大学生需要学会调适恋爱过程中的各种心理困惑，以有利于自己的身心健康发展。

（一）大学生恋爱心理的困惑

1. 单恋

单恋，是指异性关系中的一方倾心于另一方，却得不到对方回应的单方面的恋爱。通常情况下，当一个人执着于获得某样东西，却又无法获得时，是极其痛苦的。单恋就属于这种情况，并且由于得不到对方的爱，个体所受的痛苦程度将更大。在大学阶段，学生很容易陷入这种单恋的情感中，并且深受这种情感的折磨。

大学生单恋的表现主要有三类：一是自作多情，即明知对方不爱自己，还执着地爱慕着对方；二是误会，即由于缺乏与异性交往的经验，对异性的言行、情感等过于敏感，误将对方的友情当作爱情；三是默默压抑，即自己深爱对方却又害怕表达，因而独自苦苦思念，又拼命抑制自己的感情。

促使大学生形成单恋的因素有很多，主要是由大学生自身的性格特征与认知偏差所造成的。一般来说，性格内向、敏感、富于幻想、有自卑感的大学生容易出现单恋现象。出现单恋现象的原因往往是单恋者将对方的言行举止纳入自己的主观理解，从而造成对对方认知的偏差。

2. 三角恋或多角恋

三角恋或多角恋是一种十分反常的恋爱现象，即指一个人同时与两个或者两个以上的人建立恋爱关系。大学生产生三角恋或多角恋的原因通常有以下几种：一是信念感较差，没有明确的择偶标准；二是受社会不良风气的影响，未能树立正确的恋爱观；三是强烈的虚荣心及众多的追求者，使其乐意"脚踏两只船"。这很容易引发强烈的内心矛盾和感情冲突，对大学生的身心健康极为不利。

3. 失恋

失恋是恋爱过程的中断，主要指恋爱的一方否认或者终止恋爱关系。失恋是一种痛苦的情感体验。当沉浸在美好的恋爱当中时，大学生往往对生活充满了憧憬，并且充满了幸福感和充足感，而一旦失去这份感情，那么便会给当事人带来非常严重的创伤。失恋的大学生通常会表现出以下四种不良的心理。第一，自卑。一些大学生在失恋之后，觉得自己在别人面前始终抬不起头来，无地自容，在异性面前也丧失了自信；一些大学生则对自己的各方面表现感到不满，认为自己一无是处，引发过度自责行为。第二，绝望。这种也是失恋所带来的一种极端心理反应。失恋的大学生会觉得自尊和情感受到严重伤害，从而否定对方的一切，对恋爱绝望，出现对学习、生活不感兴趣及自暴自弃等行为。第三，渺茫、痛苦、消沉。一些大学生在失恋后，不顾自己的学业、前途，整天沉浸在极度的痛苦之中，性格也变得古怪、不近人情。第四，报复。一些大学生在失恋后，失去理智，觉得自己的痛苦是对方造成的，因此产生报复心理。如果这种心理无限地扩大，就会给其带来严重的后果，甚至是毁灭性的结局。

从成长的角度来说，失恋也是一种人生经历，是成熟的代价。有一项调查表明，和初恋对象结婚并一直幸福的人不超过12%。这就是说，和初恋对象结婚并生活的人，往往不一定会十分幸福。处于失恋期的大学生应当尽快振作起来，去开始新的人生旅程。

（二）大学生恋爱心理问题的调适

由于大学生生理发育成熟但心理还未成熟，他们在恋爱中总是会出现各种问题，这些问题所带来的困惑更是直接影响着他们的身心健康和全面发展。因此，面对诸多心理问题，大学生要学会自我调适，提高心理承受力，正确地对待爱情挫折。

1. 单恋的心理调适

（1）主动避免爱情错觉

单恋的大学生往往对倾慕对象一往情深，有极强的恋爱动机，因此常会用自己的主观需要来理解对方的言行举止，从而造成一种认知的偏差。面对单恋，大学生应当学会准确地观察和分析对方的表情，对对方的言行举止作出客观的评价，正确对待自己得到的信息；同时，也要学会用联系的观点去分析问题，将某种信息和其他因素结合起来进行考虑。所谓"当局者迷"，有的大学生一时不能辨别自己感觉的真伪，可以将自己的感觉告诉最亲密的朋友，让其进行客观的分析，让自己得到一个真实的情况，以免自己陷入苦恼的境地。

（2）克服羞怯和自卑心理，大胆追求

当经过理性分析，确认双方互相喜欢后，那么便可放手去追求。假如对方确实有意，那么大可不必羞羞答答，而要拿出十足的勇气，勇敢地恋爱，将单恋成功地转化为"双恋"，让爱的快乐取代单恋的痛苦。当一直不确定对方是否对自己有意时，也可以进行委婉的试探，如开玩笑似地问对方的一些情况，观察对方的反应。如果确实是"落花有意，流水无情"，那么就要面对现实，抛弃幻想。

（3）移情移境

大学生如果发现自己所追求的对象根本对自己没有任何爱的意思，那么就应当及时移情移境。这是摆脱单恋心理的一种有效途径。所谓移情，就是恰当地转移自己的感情。例如，增加对父母和朋友的关心，积极参加集体活动和文体娱乐活动，转移感情注意力；或者将主要的精力放在学业上，等到自己心理恢复平稳之后，再从更高的境界上考虑择偶事宜。所谓移境，就是转移到一个新的环境。每天面对钟情之人或钟情之人所在的地方，会让自己触景生情，摆脱不了这种单恋的痛苦。因此，单恋者可以换个新的环境，远离钟情之人，这样便会逐渐淡忘。经研究显示，"单相思的时间其实不长，平均每次持续时间仅为 36 天，绝大多数人能够很快走出阴影"[①]。

值得注意的是，当大学生陷入单相思的漩涡而无法自拔时，千万不能将受滞的情感拼命压在心底，否则即使能暂时求得心理平稳，而一旦时间长了便可能会引起严重的心理疾病，如抑郁症、精神分裂症等。当然，大学生也不能自暴自弃，或企图通过外部冲突来解决问题，这样做的后果几乎是不堪设想的。

2. 三角恋或多角恋的心理调适

三角恋或多角恋属于违背道德的恋爱，大学生应及时从中退出，正确地面对一系列心理困惑，进行妥善处理。通常，大学生可从以下 3 个方面来调适。

（1）认识三角恋或多角恋的危害

恋爱过程其实是恋爱双方培养和加深爱情的过程，如果发生三角恋或者多角恋，处于恋爱中主角位置的人将无法把精力投入对对方的全面了解和加深感情上，因此很容易产生恋爱纠葛，恋爱纠葛就是指恋爱时因某些因素引发的欲罢不忍、欲爱不能的感情冲突和内心强烈的矛盾。这将给恋爱中的大学生带来一系列情感危机，从而引发极度紧张、不安、恐惧、焦虑等不良情绪，这不仅影响恋爱者当下的正常学习和生活，还会给以后的恋爱生活留下阴影。因此，大学生必须清楚地认识到这种反常的恋爱现象给自己造成的危害。

（2）树立正确的恋爱观

恋爱不是一件随便的事情，必须严肃地对待它。因此，在三角恋或多角恋中，作为"主角"的学生应首先正确审视自己的恋爱观。其次要通过比较、权衡，果断作出抉择。作为"副角"的学生，要先搞清状况，对"主角"有清楚的认识，然后依据不同的原因作出理性的选择。

（3）学会拒绝和放弃

大学生在恋爱过程中，如果已经有了恋爱对象，面对其他异性的追求应当明确地拒绝。当然，拒绝应讲究一定的技巧，要做到拒绝对方的同时不会伤害对方

① 欧阳辉，闫华，林征.大学生心理健康应用教程 [M].沈阳：辽宁教育出版社，2010：97.

的自尊。从爱情竞争者的立场来看，要冷静下来，用理智来处理自己的感情危机。一旦发现自己误入了别人的圈子，应学会放弃，要积极地退出来，这种做法看似消极，其实是摆脱三角恋或多角恋最明智的选择。

3. 失恋的心理调适

恋爱很美好，但是失恋却很痛苦。大学生，尤其是低年级大学生的恋爱动机较为单纯，成功率往往较低；另外刚毕业即将走向工作岗位的大学生，由于客观条件限制而天各一方，失恋的可能性也比较大。如果说"合"是共同承受，那么，"分手之后责任和重负并非像字面上那样减少一样，生活总是缺乏数学和逻辑的纯净"[①]。毋庸置疑，失恋是十分痛苦的，通常会引起大学生一系列的心理问题，甚至有大学生为此作出各种蠢事。因此，大学生必须学会合理地调适自己的感情，避免失恋带给自己创伤。

（1）冷静分析失恋的原因

造成大学生失恋的原因有很多，通常情况下，主要有以下一些原因。

第一，初恋的盲目性或恋爱动机不纯。如果只是为了追求时尚浪漫，寻求刺激而恋爱，或者只是想逃避毕业后独自面对一切的茫然状态而恋爱，都容易造成分手的结局。

第二，在相处的过程中，两个人的思维方式、性格、感情出现了相当大的不同。通常情况下，性格相似的人往往更容易擦出爱情的火花，更容易保持爱情长久与稳定；反之，性格不同的人即使进入恋情也容易分手。

第三，恋爱中的一方变心，见异思迁，移情别恋。

第四，在恋爱中，自身缺点过多，又不加以克制，容易失去恋人的喜爱，导致失恋。

第五，迫于家庭、社会舆论的压力而失恋。由于恋爱的双方缺乏勇气和信心，加之慑于社会的偏见和父母的威严只得痛苦地分手。

（2）积极面对失恋

①通过失恋完善自我。如果恋爱不成功，很可能是自身的缺点使对方难以容忍。因此，大学生在面对一段失败的恋情时，应该及时地反省，发现自己的不足，然后努力改造自己，争取以更优异的自我获得更美满的爱情。

---

① 余孟辉. 大学生心理健康教育 [M]. 北京：中国水利水电出版社，2011：174.

②失恋不失理智。失恋后缺乏意志和克制，就会做出丧失理智的举动，在面对失恋时，我们一定要保持清醒的头脑，争取用理智战胜一切。

③失恋不失自信。所谓"天涯何处无芳草"，失恋并不代表永远不可能再得到美好的爱情。大学生不应凭借一次失败的恋情就断定自己不讨人喜欢，对异性没有吸引力。这是极度缺乏自信的表现。

④转移注意力，积极投入学习、工作。大学生在失恋后，要尽快转移注意力，不要一直去想这段已经失去的感情，而是通过积极的学习、工作来充实自己的生活。

⑤积极放松，调节不良情绪。在遭遇失恋后，大学生可以采取一些积极的放松方式来平复自己的心情。例如：用一场旅行告别过去，投入大自然的怀抱；进行一些体育运动；听听轻松、欢快的音乐；找知心朋友诉说自己内心的感受；向心理咨询机构求助；等等。

失恋的人往往心理十分脆弱，在郁郁寡欢中失去自信，也非常容易脱离集体，变得更加冷漠孤独，甚至感情用事，拒人于千里之外。因此，除了失恋者自身的调节之外，失恋者身边的人应当给予其足够的温暖和关爱，从而使其摆脱不良情绪。高校的教育工作者更应当通过恰当的教育与关怀来帮助失恋大学生建立正确的恋爱观和人生观，从而消除各种因失恋而引起的不良情绪。

三、大学生常见的就业心理问题及调适

（一）大学生常见的就业心理问题

1.急躁心理

就业过程中，在工作未确定以前，大学生普遍存在着急躁心理。他们往往会觉得时间过得慢，用人单位办事太拖拉，甚至希望在面试结束后就能确定下来，更希望一路过关斩将无须周折就能顺利就业。此外，大学生就业时的急躁心理还反映在对单位的选择上，有些大学生在对用人单位信息掌握不详细的情况下就签约，这是一种很不理智的行为，很可能签约的用人单位并不是自己喜欢的，或是给出的待遇不符合自己的要求。急躁是一种不良的心境，是与冷静沉着相对立的。急躁是缺乏自控的表现，过于急躁会导致事倍功半，甚至事与愿违，给就业带来麻烦。

2. 孤傲心理

孤傲心理是缺乏客观的自我分析与自我评价的表现。孤傲与自信不同，自信的人能够客观公正地评价自己的能力，与别人进行平等的交流，在就业过程中碰到挫折，能很快调整自己，振奋精神。孤傲的人对自我的评价过高，自恃专业热门，个人条件好，在就业时好高骛远，与实际相脱离，求职目标与现实存在很大的差距。如果不能实现，就会感到失落、烦躁。目前，一部分大学生对自己估价过高，认为自己在就业过程中具备种种优势，如学校名气大、专业需求旺、学习成绩优异、求职门路广等，因而盲目自信，非常傲气，选择用人单位时眼光很高，东挑西拣，总也找不到自己满意的去处，认为自己是英雄无用武之地。

3. 依赖心理

现代社会关系越来越复杂，许多毕业生在临近毕业时就把就业的问题交给家长、学校以及亲朋好友来解决，把家庭和学校当成避风港，极少主动接触和了解社会，缺乏独立意识和主动性，依赖心理严重。随着就业压力越来越大，临近毕业，父母亲友齐上阵，托关系，走后门，挖空心思找"门路"。还有一些毕业生靠讨好老师、领导等手段，等待学校安排就业。

一些毕业生虽然接受了几年大学教育，但在很多事情上还是缺乏应有的分析能力和解决问题的能力。他们在择业就业时，不是根据自己的实际情况分析一个单位是否适合自己，而是依靠父母、师长之意进行取舍，表现出强烈的依赖性。有调查显示，家庭背景对就业影响越来越明显，依靠亲人的力量不仅能够加速求职过程，有时甚至是必要的前提条件。一些大学毕业生称，他们不愿意依赖父母，但迫不得已。家庭背景和社会关系有时会直接影响他们求职成功与否。在面临巨大的就业压力时，大学生开始认识到找工作需要依赖关系、借助父母力量的重要性。由此可见，在竞争日益激烈的今天，关系带来的负面影响也越来越突出。

4. 自卑心理

自卑是一种胆小、脆弱的性格特征，这也是大学生就业过程的一种常见的心理现象。少数大学生在求职择业时表现出胆怯和自卑，他们害怕与人发生冲突，担心自身的行为会使他人不满意，并在意自己的面子。一走进就业市场心里就发怵，参加招聘面试，心里就会忐忑不安，害怕回答不好问题，害怕自己的形象不佳，表现太差，不能给用人单位留下好印象等，因而心情极度紧张，在招聘单位代表面前不敢放开说话，甚至面红耳赤，语无伦次，答非所问，事先想好的词也全忘了，以至于该表达的未表达，该表现的未表现，在机遇到来时，感到局促不安，手足无措。

具有自卑心理的大学生渴望公平，盼望竞争，但因畏怯不能充分发挥自己的才能，在"自我推销"中退下阵来。一些性格内向或抑郁气质类型的大学生往往会产生这种怯懦心理。

5. 盲从心理

很多毕业生在求职过程中，对自己缺乏清醒的认识，没有独立的见解，不是根据自己的实际情况作出切合实际的选择，而是人云亦云，极易受到他人观点的影响，看见别人都往大城市、大单位挤，自己也跟着凑热闹。还有的毕业生为了高待遇，纷纷挤向社会评价高的职业，而不是结合自己的兴趣、特长以及能力去考虑就业。从现实角度来说，当代大学毕业生在就业时应该树立自信心，从小事做起，从基层做起，坚信最终能在社会上找到自己的位置。在当前我国高等教育与社会需求尚未完全接轨的社会环境中，大学生要克服从众心理，否则可能会错过许多触手可及的就业机会。

6. 享受心理

在就业期间，很多大学生不考虑自己的专业技能和潜力，不去想如何在工作岗位上充分展示自己的价值，而是追求享受，希望加入备受推崇、工作环境良好、待遇优越的机构，以满足他们获取高薪高位的愿望。不少大学生在就业过程中过多地考虑物质条件，不但要求月薪高、生活条件好，还讲究住房、奖金、休闲活动等各种物质享受，如果用人单位稍不满足他们的要求，他们便潇洒地跳槽。在这种心理支配下，一些大学生好高骛远，期望值过高，使得他们的择业面越来越窄，严重影响了就业率。

7. 攀比心理

年轻的毕业生正值青春年华，壮志满怀，对竞争和胜利充满热情，同时很容易被虚荣心所影响，产生攀比的心理。很多刚毕业的大学生在工作的前两年里容易受到同学的影响，当同学找到看起来很不错的工作时，毕业生会感到一定的压力。这会导致毕业生忽视自己的个人特点，无法对自己进行客观、正确的分析，也不从自身实际出发，不考虑适合自己的就业单位，而是盲目攀比。由于社会上普遍存在攀比心理，很多人在找工作时只重视待遇和地域条件，导致其错过了最佳求职时机，失去了许多职业选择的机会。

（二）做好就业心理问题的调适

1.树立科学的职业价值观

人们常常会因为固定的、不合理的观念而表现出消极的情绪和不合理的行为。大学生在就业过程中遇到的各种心理问题通常也是由非理性的观念引起的。因此，大学生想要顺利就业，就必须改变不合理的观念，树立更合理的新观念。具体来说，大学生树立科学的职业价值观应从以下几方面入手。

（1）选择适合自己的职业

对于好工作的认识，不同的人有不同的看法，有人认为好工作是稳定的工作，也有人认为好工作是收入高的工作。而实际上，适合自己的就是好工作。一个人只有把自己摆在合适的位置上，才能将自己的才能充分发挥出来。大学生在就业时，首先要考虑工作单位是否有利于自己的发展和潜能的发挥，而不是一心想去高层机关、大的企业和收入十分高的地方。

（2）选择符合社会需要的职业

大学生求职就业是一个与社会互动的过程，受到社会需求的制约。目前，大学生的就业政策是双向选择、自主择业，但自主择业是相对的，受到各种条件的限制。大学生想要顺利就业，就必须符合社会的现实需要，而不能单凭自主选择。

（3）开拓进取，勇于创业

大学生创业是我国教育发展的新趋势，也是知识经济社会的新要求。大学生创业是值得鼓励的，而且大学生要有开拓自己事业的信心和勇气，要有正确的观念与思路，要对自己有一个合理的规划与定位，要与具有市场经验的人士进行合作，并要对自己进行科学化、职业化的管理。

2.准确定位调整职业期望值

对于毕业生来说，在确定自己的就业方向时，需要考虑自己的知识储备、个人特质、职业兴趣以及社会对人才的需求等各种因素，建立自己的求职目标。所谓准确定位，就是正确认识自己，正确认识社会，摆正自己在社会中的位置，找到走向社会的出发点；要全面了解社会的需求，深入思考自己的思想品质、价值观、应变能力和知识结构，从而找到自己与社会的协调点。大学生在选择职业和就业时，应该充分考虑不同职位的要求，以及自己的就业素质，评估它们之间的匹配程度，最后选择适合自己的、可以发挥自己能力的职位。

大学生在求职过程中期望谋求到理想的职业是很正常的，但从现实的角度来看，大学生应对现状有一个清楚的认识，对自己有一个准确的定位。当前，大学生面临着严峻的就业形势，自主择业给大学生带来机遇的同时，也带来了挑战。许多大学生对就业市场没有一个全面的认识，对就业市场的客观情况了解不够，就业期望值普遍偏高，这在很大程度上影响了就业的成功率。因而，在就业过程中，考虑到实际情况和就业趋势，适当调整自己的就业期望值，是大学生成功找到工作的关键。具体来说，大学生在找工作的过程中需要明确自己所学专业的知识和市场的需求状况，并据此作出相应的调整，以确保期望职业与自己的兴趣、能力、性格和家庭情况相匹配。

3. 掌握心理调节和控制的有效方法

大学生在择业就业过程中出现一些不健康的心理是正常的，没有必要过度担心、害怕。大学生可以通过心理调适的方法，对自己的心态进行调整，具体有以下几种方法。

（1）自我激励法

大学生在求职面试中常常出现胆怯、自卑等心理。这时，可以通过自我激励的方式进行心理调节。例如，在心里默念"我会表现得很好""不要紧张"等语句，或者做几个深呼吸。

（2）合理宣泄法

大学生在择业就业时，出现焦虑和抑郁等心理问题是很常见的。这些情绪不应该被压在心底，而需要适当宣泄。可以与身边的朋友、同学或老师倾诉，倾听他们的意见和建议；或者，把内心的情绪倾泻出来，让泪水宣泄压抑的情感，这样可以缓解紧张和压力。此外，还可以参与一些体育活动。需要注意的是，宣泄情绪要注意场合、身份和气氛；宣泄要适度，不得影响他人。

（3）自我安慰法

大学生在求职过程中遇到困难和挫折是在所难免的，如果在付出最大努力之后，仍然没有办法改变时，就要对目标进行适当的调整，并对现实条件进行分析，同时也要学会接受现实。这样就可以避免因内心冲突而引起消极情绪，例如失望、沮丧和情绪低落，并且还可以增强继续努力的信心。

（4）理性情绪法

根据美国心理学家艾里斯（Ellis）提出的理性—情绪疗法，情绪苦恼常常与个人对事件的解读和认识密切相关，而与事件本身无必然联系，如果经历者能够改变对事件不合理的认识，理性地作出评价，就能够消除消极情绪带来的困扰。有些大学生在择业就业过程中一遇到挫折就会变得消极苦闷，这主要是因为他们认为择业就业本应是一件顺利的事情，这样的心理定式常常导致了其不良情绪的产生，如果能够纠正这些想法，大学生就能够客观、坦然地面对在求职过程中遇到的困难。

四、大学生常见学习心理问题及调适

大学生的学习是繁重而紧张的，需要生理上、心理上的支持与配合才能顺利完成。在当今高校校园中，有相当一部分大学生在学习活动中存在不同程度的困难，他们学习效率低下，学习效果差，不能顺利完成学习任务。

（一）大学生常见的学习心理问题

1. 学习焦虑

（1）学习焦虑的表现

在现今的高校中，一些学生试图通过学习来维护自尊心，但缺乏足够的自信，导致了巨大的心理压力，因而产生了严重的学习焦虑。尤其是个性较敏感、性情急躁的学生更容易陷入这种状态，他们在学习上容易出现注意力涣散、记忆力减退、思维混乱、烦躁、易怒等问题，无法正常学习。为了摆脱这种状态，有些大学生在学习上采取逃避和退缩的态度，他们消极对待学习，过早地放弃努力。这样反而使他们的学习每况愈下，令他们感到自卑、自责，怀疑自身的能力，进一步加深焦虑程度，导致恶性循环，以致产生心理疾病。

（2）学习焦虑产生的原因

大学生学习焦虑产生的原因是多方面的，具体来看主要包括以下几个方面。

①学习期望值过高。有些学生对自己实际的能力缺乏正确认识，所树立的学习目标远远超过实际水平，同时自信心又不足，心理压力很大，内心常常潜藏着

一种恐惧感，久而久之便形成了严重的学习焦虑。

②能力原因。部分大学生知识经验储备不足，学习效率不高，记忆提取困难，常常难以取得好成绩。在外在压力下，他们感到自卑自责，产生焦虑。焦虑使其注意力难以集中，学习成绩进一步下降，从而更加焦虑和自卑，形成恶性循环，最终导致学习焦虑。

③个性原因。性格敏感、易焦虑的大学生往往容易因学习上的失败或挫折体验挫伤自信心和自我效能感，从而产生学习焦虑。

④身体状况。有些学生身体素质较弱，感到极度疲劳并常常失眠，这可能会引发情绪波动并导致学习焦虑。此外，因为基因的影响，个体在神经类型的强弱方面有所差异，导致有些人对刺激产生紧张反应，这可能会导致学习焦虑。

此外，家庭、学校的期待和社会环境的压力也是造成学生学习焦虑水平过高的外在因素。

2. 学习动机过强

学习动机虽然可以直接激励学生的学习，但这并不意味着学习动机的强度越大，学习效果就越好。若大学生的学习动机过强，他们会产生害怕失败的紧张心理和拼命蛮干的有害行为，这不仅不会促进大学生的学习，反而会阻碍他们的学习。

（1）学习动机过强的表现

目前，有部分大学生的学习动机过强，常表现为成就动机过强。这些大学生对自己缺乏客观的认识和评价，往往树立超过自己现实能力的期望值和抱负，从而给自己的学习带来过重的压力。由于树立的期望值过高，他们很容易在学习中感受到挫折和失败，这些失败的体验又会挫伤他们的自尊心和自我效能感，从而产生压抑与自卑心理。通常情况下，学习动机过强的大学生往往自尊心也极强，且非常好面子，这种心理与学习失败后的压抑及自卑心理产生剧烈的心理冲突与矛盾，最终形成了"越失败越敏感—自尊心越强—越失败"的恶性循环，这种恶性循环可能会使他们丧失学习的勇气，引发心理疾病，严重的还有可能发生悲剧。

（2）学习动机过强产生的原因

一般情况下，大学生学习动机过强产生的原因主要包括以下几个方面。

①设置的学习目标超过了自己的能力范围。若大学生无视自己的能力范围和现实情况，设置了一个自己根本不可能达到的目标，就会对自己的学习造成巨大

压力，且常常会出现不管自己如何努力都达不到目标的现象，从而导致对自己过于严苛，也就会在学习中出现学习动机过强障碍。

②认知模式不当。一般情况下，学习动机过强的大学生常常会存在这样一个认知模式，即"只要我努力了，就一定会获得成功"。这一认知模式将成功与努力画上等号，忽视了大学生自身的条件、社会环境等其他重要因素，因而导致其在学习中出现动机过强障碍。

③他人对其进行不适当的强化。调查显示，不少学习动机过强的大学生都会受到教师、家长和社会的肯定和支持，他们会称赞这些学生，将"有出息""勤奋"等诸多褒义词用在学生身上，从而对学生进行了不适当的强化，导致这些学生没有看到不适当强化的危害，进而在学习上产生动机过强障碍。

3. 记忆障碍

记忆是大脑对经历的事件的反映。它是一切智慧的基础，是人们积累知识和经验，达到预定目标与成就的必要条件。若大学生存在记忆障碍，那么就有可能因记忆力弱，出现知识储备不足的问题。此外，知识储备不足会导致学生对知识信息之间的整合力度不足，大学生最终出现迁移能力下降的问题。

（1）记忆障碍的表现

大学生记忆障碍主要表现在以下几个方面。

①记忆能力减退。遗忘的速度、范围、程度超过了正常人，严重时表现为对经历过后的事物无法再认或回忆。

②记忆"增强"。过去已经遗忘的经验在某一特殊时刻能清晰回忆起来，而这些经验在心理正常的情况下一般是难以回忆起来的。

③记忆错误。记忆错误表现在三方面。首先，错构，即在回忆时添加一些原来没有的、错误的细节，或者忘掉了一些细节而选择和保持了一些较主要的特征；其次，虚构，即以想象的、没有真实根据的内容填补记忆缺陷；最后，遗忘—虚构综合征，即近事遗忘、虚构和定向障碍。

（3）记忆障碍产生的原因

在现代社会中，大学生之所以会出现记忆障碍，主要是由下面的一种或多种原因所导致的。

①学习目的不明确、学习动机不强、学习兴趣不浓厚以及对学习缺乏信心等

心理状态会使大脑对知识的记忆缺乏积极主动性，大脑皮层活动不活跃甚至处于抑制状态，这是导致大学生出现记忆障碍的一个重要原因。

②过度疲劳。长时间单调的学习会使大脑相应功能区域处于疲劳状态，新陈代谢功能失调，从而产生保护性抑制，记忆效率必然下降。

③急躁、烦恼、紧张、压抑等情绪会引起神经功能紊乱，并且容易破坏记忆功能。

④学习材料之间的相互干扰，也会引起记忆障碍

4. 注意力不集中

注意力是人类学习的前提，高度集中注意力是保证高效率学习的必要条件。若大学生注意力不集中，那么在学业上一般很难取得好的成绩，而成绩不理想则会使大学生产生一定的压力，再加上近年来高校毕业生就业形势十分严峻，若大学生的学习成绩不理想，则很难在求职和就业过程中获得用人单位的青睐，进而导致大学生产生各种其他心理问题。

（1）注意力不集中的表现

大学生学习注意力不集中，最常见的表现是在课堂上开小差，不能专注地听老师讲课；在课堂上经常会心猿意马，且很容易受外界环境干扰，教室外的一点动静都有可能造成大学生注意力转移，使他们不能静下心来学习。长此以往，大学生的学习很容易出现问题。

（2）注意力不集中产生的原因

相关调查研究表明，大学生之所以会出现注意力不集中的问题，一般有以下几方面的原因：第一，对自己所学的专业不感兴趣，也没有学习的动力；第二，没有掌握科学的学习方法，从而在学习中出现学习效率过低的问题，而长时间效率过低的学习又容易产生学习疲劳，出现注意力不能集中的问题；第三，没有制定明确的学习目标和计划，没有压力和紧迫感；第四，参与了过多的与学习无关的活动或项目，从而分散了学生的时间和精力。

5. 学习疲劳

学习疲劳是指学生在长时间的学习中逐渐感到疲惫乏力，导致学习效率下降，同时出现想停下来休息的生理和心理状态。学习疲劳是大学生学习过程中常见的一种心理问题。从根本上来说，学习疲劳的产生是人体自我保护性机制运行

的结果，通常情况下，经过足够的休息，学习疲劳会得到缓解，并不会对大学生的身心健康造成影响。如果大学生长时间处于疲倦的学习状态之中，长期强行刺激大脑相关区域，可能导致大脑兴奋与抑制之间的平衡失调，还可能导致神经衰弱，严重的还有可能引发身体某些部位的病变，对大学生的身心健康产生严重危害。

（1）学习疲劳的表现

依据学习疲劳的表现，可以将其分为生理疲劳和心理疲劳两大类。通常情况下，大学生的学习疲劳问题更多地表现为心理疲劳。

生理疲劳包括肌肉的疲劳和神经系统的疲劳，如果肌肉运动量很大或者工作时间过长，就会造成能量供应不足、代谢废物不能及时运走等问题，进而造成肌肉的疲劳；人的神经系统消耗的能量比较少，同时能量的储备比较大，因此一般不容易疲劳。大学生在学习过程中，一定要注意劳逸结合，避免因过度学习而引起生理疲劳。心理疲劳往往是因为学习活动的紧张程度较大，或者因为学习活动过程简单重复而造成心神不安和疲乏感。

（2）学习疲劳产生的原因

造成大学生学习疲劳的原因是多方面的，大学生在学习活动中，学习压力大，学习时间过长，不注意劳逸结合，睡眠时间不足，学习缺乏兴趣，不注意用脑卫生等都是学习疲劳产生的因素。防治学习疲劳的关键在于学会科学用脑。

6. 学习倦怠

（1）学习倦怠的危害

大学生普遍存在学习动力不足的问题，表现为缺乏学习目标、追求、兴趣和动力，只是机械地完成任务，缺少自我激励和进取心，这是一种综合性的心理障碍。某些学生常说的"学习没劲"就是这种心态。

存在学习倦怠问题的大学生常常会产生"不是我不想学，我不知道为啥要学""我不会学""我没法学"的心理。这三种心理中，第一种是不了解学习的真正目的是什么，因而对自己未来的发展道路并没有科学合理的定向与定位，常常得过且过，最终导致大学生毕业后碌碌无为，从而严重阻碍个人的发展。第二种是因为学习方法不得当而产生的，有这种心理的大学生常常会对学习产生放弃的心理，难以深入挖掘自身的潜力，最终也会阻碍自身发展。第三种是受环境因素的影响而产生的，有这种心理的大学生没有掌握如何科学面对周围环境的方法，在日后的学习与生活中也可能因难以正确面对生活中的困境而被挫折打倒。由此可知，大学生学习中遇到的倦怠问题非常严重，必须给予足够的重视，及时研究其产生原因，并解决相关的心理矛盾，以免影响学生正常的学习进程。

（2）学习倦怠的表现

一般情况下，存在学习倦怠的大学生主要有以下几方面的表现。

①逃避学习。逃避学习主要表现在缺乏学习动力，上课感到疲倦乏力，难以有效地集中注意力；常常放弃课后学习，而将重心放在一些与学习无关的活动上，比如打扑克、下棋等；缺乏成就感，缺乏雄心壮志，对知识毫无渴望。

②注意力分散。缺乏学习动机的学生，在上课时难以集中注意力，并且容易受到一些内在或外在的干扰，因而他们不能专心地思考教师提出的问题，而且在课后也不愿意花时间来巩固和复习课上所学的知识。他们没有认真完成作业，并且只是了解一些表面知识，没有真正地去探究学习的本质，采取了不负责的态度。

③缺乏适宜的学习方法。缺乏学习动力的学生一般都没有掌握科学的学习方法，由于不会科学、合理地学习，他们一般很难适应紧张、繁忙的学习生活，因而会对学习持一种消极的态度。

④自尊心和自信心缺乏，导致不重视学习和考试成绩，即使表现不佳也不感到难堪。由于缺乏求知欲、认知刺激，一些学生变得懒惰，不太愿意投入学习中。

⑤情绪疲乏、无动于衷的状态。学生如果没有充沛的学习动力，会感到迟钝疲惫，对学习产生无聊的情绪，一想起学习就会感到不适，即便在上课时也会很难集中注意力，心不在焉，对作业也缺乏积极性。

（3）学习倦怠产生的原因

①对所学专业缺少兴趣。根据心理学的观点，兴趣是一种对事物进行探究和认知的心理倾向，是个人对某物的积极喜好和态度。对所学专业缺乏兴趣会影响到学习态度，进而影响到专业学习成绩。在高考填报志愿时，一些学生和家长对所报专业缺乏了解，而学生在入学后才意识到自己并不喜欢此专业。家长把当前社会的就业"热门"专业作为子女的选择，这些专业被认为是好找工作、赚钱多

的专业。但实际上，学生本人并没有对家长选择的专业产生兴趣。有一些大学生因为考试成绩不理想，只能服从调剂而没有选择专业的机会。因此，对所学专业缺乏兴趣是导致学习动力不足的重要因素之一。

②学习动机不明确。若大学生不明白自己为什么学习、为什么读书、为什么上大学等问题，就很难对学习产生动力，也就会产生学习倦怠。因此，学习动机不明确是学习倦怠障碍产生的重要原因。

③错误归因。归因是个体寻求导致某种结果的一种心理倾向。一般情况下，存在学习倦怠的大学生对自己的学习问题总是会存在一个错误的归因，他们或者将原因归结为自己天生不是学习的料，或者将原因归结为就算现在努力学习也不会对自己未来的发展产生特别大的促进作用（所谓的学习无用论），等等。这些错误的归因都会导致大学生产生学习倦怠。

④其他原因。造成大学生学习倦怠的原因是多方面的，包括社会原因、学校原因、家庭原因等。社会原因诸如目前存在的拜金主义思潮导致的知识贬值。学校原因如高校专业设置陈旧、教学内容与教学方法跟不上时代要求等，这些都很容易导致学生产生学习倦怠。家庭原因如父母过于急功近利，没有站在孩子的角度考虑问题，一味考虑让孩子学更挣钱、更好找工作的专业，而忽视孩子的学习兴趣等，最终导致学生出现学习倦怠。

7.考试焦虑

考试焦虑就是指学生因面临考试而出现的一种身心紧张的状态。考试焦虑既影响大学生的学习，也有损大学生的身心健康。

（1）考试焦虑的表现

①情绪紧张、烦躁。在考前几天有时会出现失眠、头痛、厌食等症状；在临考时有时会出现手足出汗、发抖、大脑空白、心慌气短、频频上厕所等生理或心理反应；在考场上有时会出现注意力难以集中、坐立不安、心跳加快、呼吸急促头昏、出汗等现象，严重者甚至可能会全身发抖、晕倒。

②考试怯场。考试紧张症是指学生在考试过程中，由于情绪激动、过度焦虑、恐慌等原因，导致思维和操作出现困难的一种心理现象。应试时出现的症状包括心跳加快、呼吸急促、汗流满面、头晕、恶心、体力不足以及思维迟缓等。症状严重的话，会出现全身震颤，视线模糊，甚至可能导致昏倒，也就是晕场，学生

常讲的"所考的题本来会做，但考试中紧张得不知如何下手，大脑出现一片空白"，就是怯场常见的一种具体表现。

（2）考试焦虑产生的原因

①知识掌握不到位。考试是对所学知识的检验过程，如果大学生知识掌握不到位，自然会觉得心中没底，从而感到忧虑。知识的掌握是一个长期积累的过程，但一些大学生上课不认真听讲，课外也没有认真复习和完成作业，而指望在考前几天突击背诵知识要点，把一个学期需要积累的知识和经验压缩到一个星期，这就违反了学习规律，对知识的掌握也必然是不牢固的。由于对考试准备不足，大学生自然会产生一定的焦虑感。

②主观赋予考试更多的意义。有些大学生在考试之前，都会有"我一定要通过这次考试，要不然就太没面子了""这次我一定要考好，否则就拿不到奖学金了""这次要考不好，我就失去了改变命运的机会"等类似的想法，把考试和荣誉、面子，甚至是前途、命运联系起来，而当一个人把考试作为影响自己的重大事件，对其产生了较高期望值时，他就会十分在意自己考试结果，无形中给自己增加了很大的压力，考试焦虑水平也会相应提高。事实上，考试只是对一个人学过的知识的检验过程，大学生应该用平和的心去看待考试。

③外在环境给予了过大的压力。随着社会竞争日益激烈，父母、老师都希望大学生更加优秀，他们对大学生寄予了很高的期望。父母会要求学生考试一定要考好，一定要把一等奖学金拿到手；老师要求学生英语六级一定要通过，很多企业非常看重大学生的英语水平。这些外界期望往往会给大学生造成一定的压力，使其更加担心考试失败，会令父母或老师失望，从而产生了考试焦虑。

（二）大学生学习心理问题的调适

对于大学生面临的诸多的学习心理问题，一定要采用适当的措施进行调适，引导大学生发展健康的心理，取得更好的学业成绩。一般来说，可从学生自我调适和教育者的调控两个方面调适大学生的学习心理问题。

1. 大学生的自我调适

（1）培养良好的个性品质

良好的个性品质能够帮助大学生更好地应对学习中出现的各种心理问题。因此，大学生应当注意使自己具备良好的个性品质。一个人的完整人格应该由心理特征、个性倾向以及自我认知系统三个不同方面所构成。个人的内在特质涵盖了才干、品性和性格等方面。个性倾向涵盖了需求、驱动力、志趣、理想、价值观和世界观等因素。大学生应该积极参与身体锻炼，树立积极向上的远大目标，并且注重自我意识的建立。同时，也应该从多个角度发展自己的兴趣爱好，克服一些不利于自身发展的性格特点，并且适时调节情绪，以更加理智的方式应对挫折。如果遇到学习心理问题，应该及时进行心理咨询或心理治疗。

（2）树立正确的学习态度

所谓学习态度，就是指学习者对学习及其学习情境所表现出来的一种比较稳定的心理倾向。通常，它由认知、情感和行为三个方面构成。当三个要素相互作用时，学生的认知开始明晰起来，并产生情感，从而形成了学习行为趋势。因此，若大学生确立明确的学习态度，便能够克服所遭遇的各种困难与问题，聚焦于学习并不断刻苦钻研，从而提升学业成绩。

（3）掌握科学的学习方法

在学习过程中，个体会采取一系列的步骤、程序、途径、手段等，以达到一定的学习总目标或具体目的。这些步骤、程序、途径、手段等的选择取决于学习的规律和学习客体的情况，我们称之为学习方法。大学生必须留意学习方法上的思维定式，并努力掌握适应大学学习环境中的科学学习方法和内容，不应仅局限于中学时期的学习方法。

（4）科学用脑

对于大学生来说，其主要任务还是学习，且学习任务较为繁重。为了保证学习效率，大学生在学习的过程中必须注意保护大脑，减轻大脑的负担。总体而言，大学生要按照大脑活动的规律合理运用脑力，使大脑处于最佳的工作状态，最大限度地发挥大脑的功能。

（5）正确对待考试

大学生应该正确理解考试的目的和作用，并且调整好对考试的态度。考试的核心目标是为了考察学生的学习情况。因此，大学生应该把更多精力投入对知识的学习、理解、掌握和巩固上，而不是过分看重考试成绩。

2.教育者的调适

（1）创设良好的学习环境

整洁的学习场所，清新的空气，适宜的温度、湿度和光线可以使人心情舒畅，会使学习效率提高。因此，高校和家庭都应当注意给学生提供良好的学习环境。大学生的主体性只有在有良好心理状态的情况下才能充分显现。针对那些有学习心理问题的大学生，应该尊重他们的个性，给予他们足够的关注和呵护，全心全意帮助他们解决学习疑惑和消除负面情绪，帮助他们克服困难，提升学习效率。

（2）采取积极的预防措施

①进行正确的人生价值取向教育。大学生受到正确的人生价值观教育，能够有效地激发他们的学习热情。因此，高校应该通过多种方式让大学生认识到，个人的生命意义在于承担起对他人和社会的责任，并为国家作出贡献。引导大学生认识学习是实现个人价值的必要条件，让他们迫切地渴望掌握更多的知识和技能，在未来为社会创造更多的价值而奋斗。

②满足大学生的情感需要。为了引导大学生改变学习行为，需要关注学生情感需求并帮助学生进行心理调适。教师应该关注学生、了解学生、尊重并信任学生。同时，他们应该公正地对待学生，并以真挚的感情满足学生的情感需求，进而鼓励他们努力学习。

③帮助大学生明确目标，树立信心。确立目标并建立信心，这能够有效地提高大学生的学习动力。因此，教师需协助学生制定短期和长期学习目标，并定期检查学习成果，帮助学生实现目标。此外，教师还需要引导学生正确总结学习过程中的经验和教训，积极地进行因果分析，从自身因素中寻找学习的突破口。

（3）加强学习心理健康教育

通常来说，拥有健康的学习心理意味着具备正确的学习动机、强烈的学习兴趣、坚定的学习信念、强大的学习意志以及科学且规范的学习方法和行为等因素。因此，教育者应加强对学生的学习心理健康教育，提高学生的学习心理健康水平。

第三节　大学生常见心理疾病

进入大学，尤其是能够进入自己期望中的大学继续深造，是每个学生的梦想与追求。在追求梦想的路上，有些人可能只盯着远方那面迎风飘扬的旗帜，而忽略了身边的风景。从紧张、忙碌、焦虑的高中生活进入大学，许多习惯性的学习和生活方式发生转变，学生也有更多的时间去关注自身的心理健康。在大学生群体中，学生会遇到诸如人际交往不和谐、学习方法不适应等一系列问题。但是这些问题属于个体在成长过程中的一部分，个体通过自身调整与发展或求助心理咨询教师便可解决，出现心理疾病的只是一小部分学生。

精神障碍或心理障碍，指个体心理功能紊乱，影响其社会功能且造成自我痛苦的心理异常状态，也被称为心理疾病。心理疾病概念的外延较大，而通常所说的精神病概念的外延较小。精神病是指存在明显的幻觉、妄想等精神症状，是自知力丧失的严重情况。通常人格障碍、心理性和行为性障碍、智力发育障碍（精神发育迟滞）属于心理疾病的范畴。

按照不同的标准，心理疾病可以有不同的分类。以是否可以检出器质性病变为标准，可以将心理疾病划分为器质性心理疾病和功能性心理疾病；以对个体社会功能损害程度的不同，可以将心理疾病划分为重性精神病（如精神分裂症等）和轻性心理障碍（如各种神经症）。

一、神经症

神经症（neurosis），亦称神经官能症，是一组精神障碍的总称。它是指轻微神经机能失调的非器质性心理障碍，其主要特征为烦恼、紧张、焦虑、恐惧、强迫症状、疑病症状或神经衰竭等，多数患者具备一定的素质和人格基础，通常由社会心理因素引起。患者不具备明确的器质性疾病症状，且其思维没有问题，可以自我认知。然而，患者的心理状况异常，其本人对此感到非常痛苦。

（一）神经症的共同特征

根据不同的症状表现，神经症可以分为强迫症、焦虑症、恐怖症、抑郁症、疑病症、神经衰弱以及躯体症状疾病。虽然各种神经症在种类上存在差异，但它们之间存在一些共性特征。

第一，神经症起因通常与社会心理因素有关。随着社会的发展进步，城市化进程快速推进，人们的居住环境越来越拥挤，社会竞争也越来越激烈，这导致许多人精神压力过大。因此，在神经症的发病中，精神紧张的比例越来越高。

第二，患者常具有某种特定的人格特征。情绪不太稳定和性格比较内向的人，常常容易出现神经症状，比如多愁善感、焦虑、刻板、过于严肃、悲观保守和孤僻等。

第三，不能发现和症状相符的器质性病变。尽管神经症的症状可能在许多身体疾病中表现出来，但这并不意味着这些疾病就是神经症。当前，神经症仍被视为一种功能性精神障碍。

第四，社会功能相对完好。神经症患者可以在生存、学习和工作方面表现良好，并且在人际交往方面也有着较强的能力。相对于严重精神病患者，神经症患者的社会功能相对完好，但和正常人相比，这种完好程度仍然有缺陷。神经症患者在学习、工作和人际交往方面效率相对较低，适应性差。

第五，自知力存在。神经症患者具备较好的自我意识，能够正常评估环境和自身状况，不影响其现实验证能力。尽管有时患者可能不接受医生的诊断，但只要他们仍向医生抱怨症状，对摆脱症状仍然有强烈的渴望，那么就不能说他们缺乏自知力。

（二）几种主要的神经症

1. 强迫症

强迫症（OCD）是一种心理障碍，其特征是无法通过自己的主观意志来控制反复出现的念头、意愿和行为。它又被称为强迫性神经症或强迫性障碍。强迫症患者经常经历自我强迫和自我反强迫之间的矛盾，这使得他们感到非常痛苦和焦虑。他们知道这些冲动或想法来源于自身，但同时却不想去接受它们。尽管他们努力排斥和抵制这些想法，但却无法完全控制它们。因此，患者认为自己的强迫症是不正常的，但却无法从中摆脱。强迫症的病程常常会被拖延，其主要症状是反复进行仪式化动作，虽然这样做可以缓解精神上的痛苦，但是对社会功能的影响是非常严重的。通常情况下，强迫性神经症按照临床表现分为两种类型：一种是强迫思想，另一种是强迫行为。

2. 焦虑症

焦虑症（anxiety disorder），又称焦虑性神经症，是一种情绪障碍，表现为内心紧张、不安和预感不利事件要发生的感觉，而且这种感觉很难摆脱。该症状主要表现为头晕、胸闷、心悸、呼吸困难、口干、尿频、尿急、出汗、震颤和运动性不安等，此状态的焦虑情绪并非由实际威胁所引起，其紧张惊恐程度与实际情况相差甚远。焦虑症的症状不同于正常的焦虑情绪反应：首先，焦虑症是一种毫无原因、没有具体对象和内容的焦虑、紧张和恐惧。其次，焦虑症是一种针对未来的心理状态，患者感觉似乎存在某种威胁或危险即将到来，但他们无法准确描述或解释这种威胁的具体来源。再次，焦虑症的持续时间相当长，如果没有积极有效的治疗，可能会持续几周、几个月甚至数年之久，难以痊愈。最后，除了持续或间歇性地感到惊恐外，焦虑症还会出现多种身体上的症状。

3. 恐惧症

恐惧症（phobia），原称"恐怖性神经症"，是以恐怖症状为主要临床表现的一种神经症，患者会因为过度和无理由的恐惧而对外界事物或环境产生不必要的害怕和担忧。有些人会在某些特定情境或场合中产生一种不必要的恐惧感，无法自我控制地去避免这些情境，若是被别人发现，将会很难让别人理解，并且认为这种心理状态是毫无必要的。即使患者知道这样做是不现实的、不合理的，但仍然无法从中摆脱，因此感到很苦恼，并采取了回避行为。

4 抑郁症

抑郁症（depression），也叫抑郁性神经症或神经症性抑郁，是一种常见的神经症，其特点是情绪持续低落，由遗传因素、生理因素、社会心理因素等引起。患者常常出现焦虑、身体不适和睡眠问题，需要治疗。轻度抑郁症患者通常无明显的症状，生活受影响较小，一般不需要药物治疗，可以采用心理治疗，或者通过自身调节等方法进行缓解。

5. 疑病症

疑病症（hypochondriasis），又称疑病性神经症，在临床上指一种持续性看法或担心，即认为自己可能患有严重的身体疾病。患者常常会过度关注和担心自己的身体状况或某个机能，怀疑自己患上了某种疾病。即使医生给出的解释或进行的客观检查与实际情况相符，也不能消除患者对自己健康状况的既定成见。患者不断出现这种症状，反复就医，并伴随着焦虑和抑郁情绪，这使得他们非常困扰。有时候，病人身体确实有某种不适，但是这种身体不适无法完全解释症状的性质和严重程度。此外，病人还感到非常痛苦，而他们的想法与现实不符，这也可以被归类为疑病症。

疑病症最初表现为对自身健康状态过度关注，对身体轻微变化产生过度解读并自我诊断，出现疑病症状。随着病情发展，症状逐渐趋于系统化。疑病症状可以表现为全身的不适感、某个身体部位的疼痛或者功能障碍，还有可能是某种具体疾病的表现。这种症状常见于胃肠系统，头部、颈部和腹部是最常受影响的部位。疑病症常导致人们感到焦虑、忧虑、恐惧，并出现植物神经功能障碍症状。这种烦恼来自对自身健康状况的担忧或身患某种疾病的假想，而非疾病所带来的后果。患者希望能够摆脱健康问题的困扰，但却面临着病情无法解决的困境，不得不四处寻求医治。他们向医生描述详细的症状，但却有些不太相信检查结果和医生的保证。一些患者可能只表现出某种特殊嗅觉异常或身体形态异常等单一症状，这种情况也被称为疑病症。另一种为疑病观念，认为自己患有某种严重疾病，而常常无法通过检查证实。这种观念对个体造成极大困扰和痛苦，也会对日常生活产生严重影响。然而，另一类患者的描述则更为生动形象，翔实具体。他们自认为患上了一些明明并不存在的疾病，不断要求接受多种检查，试图获得医生的同情。虽然医生向患者解释并保证检查结果正常，但患者仍然持有疑病信念，因此感到非常焦虑。这种看法带有强烈的情感色彩，表现出对疾病的怀疑。

6. 神经衰弱

神经衰弱主要表现为情绪性疲劳，心情紧张，易激动，伴随着肌肉紧张性疼痛和睡眠障碍等身体功能障碍症状。这些表现与精神过度紧张有关。

7. 癔症

癔症（hysteria），是一种常见的精神障碍，其症状多种多样，因此也被称为"疾病模仿家"。癔症指的是一组由明显的精神因素引起的疾病，这些因素包括生活事件、内在矛盾、情绪激动、暗示或自我暗示等。它表现为突然发作的短暂精神和身体障碍，包括感觉、运动和自主神经功能紊乱，但是这些障碍并非由器质性原因引起。心理社会因素（环境）是导致癔症发病的主要原因。那些表现出情感丰富、隐含意味强、以自我为中心、充满想象力等个性特征的人更容易患上癔症。

二、重性精神疾病

（一）重性精神疾病的定义

重性精神疾病是一种严重的心理障碍，患者的认知、情绪、意志、行为等心理活动均可能出现长期且明显的异常，导致患者无法正常学习、工作和生活。他们的举止与行为颇为独特，令一般人感到难以理解。在心理扭曲的控制下，可能会自残、攻击或伤害他人的行为。患者的自我控制力存在缺陷，往往难以正确判断自身的心理和行为状况，并且不愿接受治疗。

由于人体丘脑和大脑功能紊乱，患者在感知、思维、情感以及行为方面出现异常，这种异常状态即为重性精神疾病。这种病多见于青壮年，并且有一些患者会间歇性发作，有些患者则会逐渐恶化且成为慢性病，同时该病的复发率和致残率都很高。如果不采取积极治疗措施，患者可能会出现精神状态下降和人格特质改变，并导致患者难以适应社会生活，无法履行家庭和社会应尽的责任。然而，只要被及时发现并积极治疗，患者就有可能康复，重获正常的生活、学习和工作能力。

（二）重性精神疾病的常见种类

重性精神疾病的种类繁多，其中精神分裂症、情感性精神障碍和反应性精神病等是常见的重性精神病。

1.精神分裂症

精神分裂症是一种严重的精神疾病，其主要特征包括个性本质的变化以及思维、情感和行为的分裂，而这种分裂会导致患者与环境失去协调。该疾病是一种常见的重性精神病。该疾病病因尚不清楚，但多见于年轻人，症状开始隐蔽，主要影响思维和感知能力，进而影响行为和情感。在医学实践中发现，患者思维、情感和行为等多个方面都存在问题且各方面之间的协调度不高，表现为精神活动的失调。通常情况下，患者的意识状态较为清晰，智力水平也基本正常。

精神分裂症的核心症状是思维和认知的紊乱，表现为思考结构的混乱和分裂。这种分裂现象会干扰思维方式，导致病人无法区分内在和外在的体验。患有精神分裂症的人可能会出现幻觉，在日常交往中，旁人甚至会察觉其行为是幻觉影响的结果。患者可能表现出严重的妄想症状。精神分裂症病情通常是长期而且逐渐加重的。因此，如果在早期发现，应及早进行正确的治疗。大多数患者治愈后信心更足，但极少数因诊疗不及时而导致病情恶化，甚至错失最佳治疗时机。

2. 情感性精神障碍

情感性精神障碍，又称心境障碍，在持续高涨或低落的心境中表现出相应的思维和行为改变并会反复发作。在间歇期间，症状可能完全缓解。这类障碍症状发展相对较缓慢，可能不足以被归类为精神病程度的精神障碍。通常情况下，情感性精神障碍在治愈后恢复良好，但有一小部分患者可能会经历漫长的病症折磨。此病发作时，患者可能呈现为兴奋或沮丧的状态。其症状主要表现为情绪波动较大，思维速度或快或慢，精神状态既可能异常活跃也可能沉闷。当患者处于躁动状态时，他们的情绪会异常高涨，与周围环境不符。他们可能感到非常兴奋，但同时也容易变得易怒、烦躁和焦虑。严重时，患者可能会出现妄想、幻觉等精神症状，这些症状可能会使他们的情绪不协调。在抑郁状态中，患者经常感到情绪低沉、苦恼、悲观、绝望和缺乏兴趣。他们的自我价值感大大降低，可能会出现轻生念头。这种病情表现为白天症状较严重，晚上症状较轻。这种疾病通常会反复发作，并且家族遗传的风险较高。

3. 反应性精神病

反应性精神病是在强烈应激事件作用下急剧出现的精神障碍，其发病与该事件之间存在因果联系。这些事件包括但不限于个人遭受损失、失去亲人、受到侮辱等。这种精神疾病通常不会持续很久，经常会随着诱发因素消失而逐渐好转。可以分为三个亚型，这三个亚型分别是意识障碍型（如意识错乱）、情感障碍型（如抑郁）和妄想（偏执）型。其主要症状与心理创伤紧密相关，同时伴随着相应的情感感受，易于被人理解。如果能够适时治疗，并消除致病因素或改善环境，那么患者的精神状态很可能会恢复正常。因此，反应性精神病的愈后通常是良好的，且一般不会再次发作。

第四章　大学生心理危机的干预策略

本章为大学生心理危机的干预策略，依次介绍了大学生心理危机的特点和类型、大学生心理危机的干预策略、如何做好大学生的心理危机干预等三个方面的内容。

第一节　大学生心理危机的特点和类型

心理危机理论最早于 20 世纪 40 年代由美国学者林德曼（Linderman）提出，在其发展过程中，越来越多的研究者对心理危机这一概念提出了自己的观点。

1954 年，被誉为"现代危机干预之父"的美国心理学家卡普兰（Caplan）对"心理危机"这一概念给出了如下表述：当个人面临困境时，他可能会发现自己既不能依靠以往的处理方法和支持系统，又无法应对目前正面临的艰难处境，这时候他就会遭受情绪上的苦楚。这种暂时的情绪失衡状态被称为心理危机。心理危机包括以下三个基本部分：一是危机事件的发生；二是对危机事件的感知导致当事人的主观痛苦；三是惯常的应对方式失败，导致当事人的心理、情感和行为等方面的功能水平较突发事件发生前降低。

显而易见，心理危机是在危机事件发生后表现出心理失衡的一种状态。换句话说，心理危机是由于某些应激事件的影响或挑战超出了个体或群体惯常的应对机制，导致内心处于高度紧张、焦虑、痛苦的不平衡状态。心理危机在广义上也包括各种由心理相关因素或心理疾病引起的危机状态。

当人们由于突然遭遇严重灾难、重大事件或精神压力，导致生活状况发生剧烈变化，以现有的经验难以很好地应对，陷入痛苦、不安的状态时，心理危机就发生了。因此，心理危机干预是为那些正在经历心理危机并需要紧急帮助的人提供适当的心理支持，在尽量不改变他们自身情况的前提下，帮助他们尽早克服心理困境的一种处理方式。

由于大学生群体是未来的希望，肩负国家建设、民族振兴的历史重任，他们的一举一动很容易引起社会关注。加上目前高校实行统一入住管理制度，属于校园聚居形式，学校对大学生人身安全负有监管责任，一旦发生危机，其负面影响很容易扩散。大学生群体相对一般社会群体而言，具有较好的知识储备，对自我要求较高，对自尊满足等需求较大，这就要求我们在处理大学生危机的时候注意工作的方式方法。因此，大学生心理危机干预有一定特殊性，需要相关工作者区别、细致地对待。

一、大学生心理危机发生的常见原因

一些突如其来的灾难会使人们陷入心理危机，它们通常具有自限性，大多会在1~4周内消失。引发大学生心理危机的常见原因有以下几类。

（一）恋爱关系破裂

失恋会打击自尊，易引起强烈的痛苦和愤懑情绪，当情绪强烈到一定程度，严重者可能出现攻击行为，攻击自身，比如自伤；攻击他人，比如攻击恋爱对象或所谓的第三者。

（二）突然失去亲人

当事人会处于一种应激的悲伤反应中，变得抑郁消极，严重者甚至有妄想、情感淡漠等情况出现。

（三）重大财产损失

例如，当事人被诈骗，在确认事件真的发生、损失无法挽回后，严重者会产生轻生的想法。

（四）重要事件受挫

比如，具有重要意义的考试失败了会引起当事人痛苦的情感体验。大多数人表现为退缩、不愿与人接触，陷入暂时的自我限制阶段，直到情绪自我缓解，才慢慢走出阴影，而严重者也可能为此采取轻生行为。再如，竞选失败，有些人会有不断自责和自我贬低等表现，而有些人则把失败的原因归咎于他人，认为有人从中作梗进而采取攻击行为等。

（五）心理疾病发作

原有心理疾病在校园生活中因为某些因素的累积，导致旧病复发，出现幻听、攻击冲动、自伤等情况。

处于诸如此类危机中的当事人，他们的心理防线是很脆弱的，需要专业的帮助和干预。而干预的效果取决于当事人的个人素质、适应能力以及他人参与干预时的技术手段等。

二、大学生心理危机分类

（一）按照表现形式划分

就心理状态而言，大学生心理危机可以分为两类：显性心理危机，即通过言语和行为表现出暂时性的心理失衡状态；隐性心理危机，指没有任何迹象显示，突然出现的心理失衡状态。

（二）按照心理危机应激源的差异划分

根据心理危机的刺激源不同，我们可以把大学生的心理危机分为多种类别，包括但不限于学业、前途、人际关系、家庭、恋爱、灾难等心理危机。

（三）按照心理危机特征的差异划分

根据心理危机的不同特征，我们可以将大学生心理危机划分为四种类型：发展性危机、境遇性危机、存在性危机和障碍性危机。

1.发展性危机

发展性危机是指在大学生正常成长和发展过程中，因突发事件或生活转折所引起的不寻常反应。

2. 境遇性危机

这种危机也被称为外部危机、环境危机或适应性危机，它指的是罕见而意外的悲惨事件，个人完全无法预测或控制的情况。境遇性危机的显著特征在于它是无法预测的，会突然出现并造成巨大冲击。比如，突然发生的交通意外、非法拘禁、性侵害、突发重症、亲友不幸离世、父母离异等。具体而言，境遇性危机可能包括以下 3 个方面。

（1）基本需求的丧失

基本需求的丧失是指某些事件的发生可能威胁到人类某方面的基本需求，如果不解决可能会导致危险。比如，突遭亲友离世、挚爱远去或身体健康出现障碍（如残疾）等。

（2）重大自然灾害

常见有地震、火灾、旱灾、水灾等自然灾害。

（3）重大人为事件

重大人为事件主要是指人为的因素而导致的严重后果或损失，如交通事故、犯罪、婚姻和工作问题等，还有流行病扩散和恐怖袭击等。

3. 存在性危机

存在性危机是一种心理困境，是由于大学生日常生活学习中，人生目标、责任和未来发展之间出现冲突而导致的。通常情况下，存在性危机是缓慢积累的，而非突然爆发的。高考、考研、考博的学生都面临就业压力，因此越来越慎重选择自己报考的专业。那些选择了冷门专业的学生，由于这些专业的就业前景较为不确定，相应的职业发展前景可能较为有限，产生巨大的不安和矛盾。有些学生为了考上研究生而付出了不懈的努力，但由于家庭经济状况艰难，最终不得不放弃继续攻读硕士学位的机会。我们必须高度重视和关注这些实际存在的危机对大学生心理健康的影响，因为它们不仅会影响大学生的心理健康，还可能成为反社会心理形成的因素。

4. 障碍性危机

因心理问题、人格障碍或精神病而导致的心理紧张状况，主要发生在大学生群体中。障碍性心理危机最突出的特征是其潜在性和痛苦性。

三、大学生遭遇的具体危机形式

（一）学业危机

学业困境包括但不限于未能实现学业目标，例如未能通过英语四六级考试。对于毕业生来说，他们需要在就业和研究生考试之间作出选择。虽然目前某件事情还不至于发展成为危机，但这些连续发生的事件可能会导致严重的后果。

（二）经济危机

一方面，经济危机可能导致消费压力加大，例如无法负担学费等经济困境。另一方面，虽然会意外获得奖赏和奖金，但考虑到维持人际关系的需要，可能需要承担额外的开销，比如请客送礼等，进而带来了经济上的负担。

（三）感情危机

情感困境包括多方面的内容，例如与周边人相处不易、师生间或同学间交往时的问题、遭遇朋友的背叛、面对同学之间的紧张情形等。又比如别人针对自己进行的批评、嘲弄和攻击；受到误解，遭到老师严厉谴责，受到他人的排挤；遭受周围人的冷落、不公平对待等。

（四）突发危机

突发危机有遇到意外，身体受到伤害，如残疾、毁容等；丢失钱包、重要证件等。

（五）家庭危机

家庭危机包括父母离异、家人关系不好以及家人受到意外伤害而束手无策。

（六）社会环境危机

社会环境危机包括校园内发生一些暴力事件，流行病暴发，校园被封锁，宿舍失火、失窃等。

（七）自然灾害危机

自然灾害危机有地震、洪灾、泥石流、海啸等。

四、危机发生后的情绪反应过程

同一种重大事件会引发每个人不同的应激反应，这些反应在程度和持续时间上也有所差异。经过对绝大部分危机事件的梳理，笔者将该情绪反应过程概括为两个阶段。

第一阶段：虚假情绪期。当事人面对事件呈现麻木、冷漠、否认或不相信等本不该出现的情绪反应或是在矛盾冲突爆发前存在长时间的情绪压抑。我们将这类情绪反应称为虚假情绪。例如，A 被诈骗，好友告知其真相，A 不愿相信自己被诈骗，反而质疑朋友的话。

第二阶段：真实反应期。当事人在经历虚假情绪期后，认识到事件的发生与结果，表现出符合事件情节的情绪体验，例如感到激动、焦虑、痛苦和愤怒，也可能会有罪恶感、退缩或抑郁。比如，被诈骗后对骗子的愤怒，面对亲人突然离世后的痛苦。

在经过虚假情绪期和真实反应期后，根据当事人的特点，可以将他们分为两种类型。第一种属于自我调节能力较强的个体，我们称之为自我解决型。他们能够慢慢自行缓解、消化这些不良情绪，解决这次危机引发的心理问题并成功应对危机，不需要他人对其实施心理危机干预等相关措施。第二种就是那些自我调节能力较弱的个体，我们称之为他人解决型。这些个体在危机中所受的心理冲击比较大，自己原有的防御机制、心理处理可能无法缓解情绪状态，此时我们就要对这些当事人进行心理危机干预，帮助他们尽可能快地度过这次危机。

第二节　大学生心理危机的干预策略

尽管大学生的心理危机是多种多样、复杂多变的，也缺乏万能的或快速的解决方法，但危机干预者（高校里危机事件发生后，参与干预的救援者一般有学校各级领导、辅导员老师、班主任、心理咨询中心专职人员、保卫处、校医院医生和与当事人熟悉的朋友、同学以及当事人家长等）仍可以使用相对直接和有效的干预策略来处理危机。心理危机干预的晤谈技术侧重于通过积极、自然和有目的性的会谈，不断地评估、倾听和提供切实可行的支持，尽最大可能帮助危机当事人的心理状态恢复到危机前的平衡状态。心理危机干预工作是一个系统工程。很多专业心理咨询工作者和其他相关工作人员如果没有接受过相应的培训或学习，要想在面对危机当事人时提供有效的建议，往往会手足无措。因此，可采用九步晤谈法，把它作为危机干预的一般模型，贯穿于危机干预和问题解决的全过程，它可作为专业咨询工作者和一般工作人员在进行危机干预具体操作时的参考性指导框架。需要特别指出的是，危机干预九步晤谈法的基础在于注重实效和环境，即要求危机干预者系统、灵活地使用一些技术，而非机械式地生搬硬套，整个干预过程是自然流畅的。

在九步晤谈法的指导下，危机干预工作者可以把危机干预分为两个阶段，第一阶段为：①发现问题；②确定问题；③安抚情绪；④提供支持。该阶段主要以共情、真诚、尊重、关心和不偏不倚的态度进行倾听、观察、理解和作出回应，不需要过早地采取行动。第二阶段为：⑤探索方法；⑥制订计划；⑦得到承诺；⑧评估效果；⑨巩固效果。此阶段主要采用非指导性的、积极的应对方式，是整个干预过程的工作重点。

第一步：发现问题。

由于大学生心理发展尚未完全成熟，不能深入、全面、准确地认识问题，加之其独立意识增强，即使面临心理危机也鲜有学生向辅导员或家长求助。因此，心理危机干预的第一步是发现当事人在情感或行为上的异常表现。这些异常表现一般有以下特征：不符合当事人先前的行为模式，如一个原本作息正常、无不良嗜好的学生，现在每天睡 12 小时，每周喝 5 次酒；对自己或他人造成了困扰；情绪异常高涨或异常低落；学习能力下降；出现人际危机；等等。辅导员或家长等危机干预者一旦发现上述异常表现，应提高警惕，及时与当事人进行交谈。

第二步：确定问题。

确定当事人所遇到的问题。如果干预者无法确定当事人所遇到的危机的种类，那么干预者将无法应用干预策略解决当事人的问题，无法为当事人提供任何帮助。我们可以采用倾听的方法，来确定当事人所遇到的危机问题，既要关注当事人的描述，也要关注其非行为。实际上有时仅仅是倾听就可以帮助当事人脱离危机。尤其是在面对具有较高文化素质和自我认识能力的大学生群体时，教师更应该认真倾听学生的心声。另外，处于危机中的大学生，容易把参与干预的老师们当做违反自己意志的敌对者，报以极大的不信任感。因此，干预者通过友善的言行，给予当事人足够的关注和尊重，与当事人建立相互信任的关系，能够迅速确定当下危机的属性和引发危机的原因。

第三步：安抚情绪。

向当事人传达"一切都会好的"的信念，安抚其或焦虑或悲伤的情绪，以缓解当事人的主观不适感，将其对自我和对他人的生理和心理的危险性降到最小，以确保当事人的安全。在危机干预的过程中，危机干预工作者的首要目标是保证当事人的安全，这是非常重要的。尤其是有轻生念头的学生，确保其安全更是重中之重。在危机发生的时候，只有稳定学生的情绪、确保学生的安全，才有进行下一步工作的可能。

第四步：提供支持。

危机干预的第四步强调通过与当事人言语交流，让当事人知道干预者是能够给予其关心、帮助的人，是一个可靠的支持者。干预者不要去评价当事人的经历与感受是否值得称赞，而是应该提供一种机会，允许当事人做好自己，有自己的感受、想法、情绪和行为。干预者必须无条件地以积极的方式接纳当事人，理解当事人，不在乎任何回报。

第五步：探索方法。

在多数情况下，面临危机的当事人处于思维不灵活的状态，不能恰当地判断什么是最佳的选择，需要干预者陪同当事人共同讨论、探索和验证可选择的应对方法。有些处于危机中的当事人甚至绝望地认为自己已经无路可走。

在这个阶段，干预者应该帮助当事人意识到，生活中存在着许多不同的应对方式可供选择，其中有些方式比原先选择的方式更加适合，从而带给当事人一线生机，让其重新看到生活的希望。干预者可以通过以下方式协助当事人：①揭示被忽视的社会支持网络，提醒当事人现在或曾经有哪些人一直在关心着他。②探讨可行的对策，与相关人员协商，寻找能够有效应对当前危机、帮助解决问题的措施或可利用的资源等。从这两个角度客观地评估各种可行的应对方式，我们能够在一定程度上为那些深陷绝望之中的人提供巨大的帮助。

虽然干预者可以采取许多可变通的方式来应对当事人的心理危机，但只需与当事人讨论能解决其现实问题的几种方法。过多的信息或者选择会增加当事人的认知负担，扰乱其思绪，使其更加焦虑或悲伤。

第六步：制订计划。

该计划包括：①确定能获得有效支持的资源，即确定能够提供及时支持的个人、组织团体和有关机构；②与支持人员沟通，探讨并确立一套积极有效的应对措施，以确保当事人能理解并能够贯彻执行所讨论的行动方案。根据当事人的反应能力，协助当事人排除现有的问题，并提供实用的技巧，如放松技巧等，以帮助当事人缓解负面情绪。

为确保计划达成，应与当事人合作制订计划，以便让当事人感觉到这是一项自愿实施的计划。这样可赋予当事人权利、独立性和自尊心，让当事人体验到较强的自我控制感。有些当事人会过度关注如何解决自己的困境，却忽视了自己有限的能力。当事人可能会被干预者的计划所左右，并认为被强加计划是理所应当的。因此，在这一步里，关键是要让当事人明白实施计划的目的是恢复其自制力和自控感，而不是依赖于干预者。

第七步：得到承诺。

如果制订计划这一步进行得较为顺利，那么完成得到承诺这一步也会畅通无阻。通常情况下，得到承诺这一步骤较为简单，即要求当事人重新表述他的计划。然而，干预者应该留意到，在第七步中，其他支持技巧，如评估、确保安全和提供支持，都是贯穿始终的。在危机干预完成之前，干预者应当确保从当事人那里得到真诚、明确和恰当的承诺。然后，用理解、同情和支持的方式来询问、检查、核实当事人的承诺。因此，倾听技术在这一步骤也很重要。

第八步：评估效果。

评估内容包括两部分：当事人的满意度，包括对干预者和整个干预过程的满意程度；干预结果的显著性，即当事人的心理危机处理能力有无显著提升，心理状态有无恢复到危机发生前的正常水平。一般而言，干预者可对当事人进行追踪调查，观察记录当事人在一段时间内的情绪与行为表现，以确保当事人按计划兑换承诺，并及时发现计划的不足予以改进。

第九步：巩固效果。

在当事人成功应对心理危机，恢复正常心理状态后，干预者应对当事人的成功改变进行内归因，这有利于干预效果的维持和强化，也有利于当事人重拾信心面对未来的生活和危机。

第三节　如何做好大学生的心理危机干预

一、大学生心理危机筛查

进行心理筛查需要非常专业的技能，这是一项非常严肃的工作。如果筛查时间不合适和操作方法不得当，筛查就不会达到预期效果，反而会浪费资源，同时也可能给受筛查的学生造成心理伤害。在有设施条件的学校中，除了进行心理健康教育外，还可以使用心理测量等辅助手段，建立信息宣传、筛查、干预、跟踪、控制等一体化的工作机制，以确保对可能存在心理问题的学生进行有效的追踪。

心理筛查作为大学生心理健康教育的有效途径，可以节省时间，快速找到目标，但也存在一定的局限性。在进行心理筛查的过程中，需要相关活动配合，包括筛查前、筛查中以及筛查后对学生进行心理健康教育，如果工作没有做到位，就可能会影响到心理健康教育和筛查的科学性，甚至可能导致学生产生误解或偏见。因此，需要制订一个科学的操作方案，并规范筛查后的工作流程。心理筛查人员必须接受专门的培训才能进行筛查工作。

（一）心理筛查不能达到 100% 的施测率

施测率指的是进行测试的人数占应该进行测试的人数的比例。学校开展学生心理筛查，肯定希望能够尽可能提高施测率，但由于某些原因，施测率完全达到 100% 比较困难。此外，由于一些学生可能会有心理上的抵触情绪，出现不认真作答的情况，这也会影响数据的准确性和可靠性。那些存在潜在问题的人群可能就被遗漏在尚未被测量或数据无效的范围中。

（二）心理测验有局限性

由于生理、社会等多种因素的影响，人的心理发展是持续变化的。因此，心理测验结果仅能揭示个人心理状况的某一方面，而不能全面反映其整体心理状态。

（三）心理筛查不是最终目的

通常建议在进行心理筛查之后的两周左右，及时结合筛查结果，对需要关注的人群进行必要的约谈，以综合评估学生的真实心理健康状况。并针对关注对象的具体心理问题，给出具体的心理咨询治疗或者干预方案，使心理不健康的大学生早日回到正常的生活状态。为此，要优选心理测量工具，并结合我国实际，自制测试量表，以较完整地反映在校大学生的心理问题，并据此进行心理筛查，尤其是对具有轻生或伤害他人意念的个体要跟踪治疗，建立有效的干预机制。

二、大学生心理危机预防方案

根据大学生心理问题测试量表，对在校大学生的心理健康状况进行有效分析；并据此进行心理筛查，区分出心理健康、心理问题、心理障碍、有轻生意念或伤害他人倾向等心理的个体，在此基础上，开展心理干预，减少学生非正常死亡的发生。

通过对大学生进行心理健康普查以及心理危机指数分析，可以识别出有轻生或伤害他人意念的高危人群，及时采取干预措施，以降低大学生自杀率或伤害率。当大学生处于心理危机的早期阶段时，他们往往会向周围的人透露暗示，表现出愿意向身边的人求助的态度，以缓解轻生或伤害他人的想法，此时是进行自杀或伤害他人心理危机干预的最佳时机。如果一个人已经决定要自杀或伤害他人，那么他就不太可能向别人寻求帮助。因此，在预防和干预心理危机方面，应该注重以预防为主、早期干预为主，而以过程干预和结果干预则为辅助手段。

针对高危人群具有轻生、伤害他人意念和倾向的情况，应当对产生这种情况的原因进行心理分析，特别是关注内在因素。对于那些有严重问题的学生，我们强烈建议他们向专业人员寻求心理治疗和系统干预。而对于问题相对较轻的学生，建议进行一般的教育并持续关注其状况。防范有轻生、伤害他人意念和倾向的学生轻生、伤害自己和他人，为有轻生、伤害他人企图的学生提供帮助和支持，这不仅是心理咨询人员的职责，也是当事人、家人、朋友、教师等所有人应该重视的事情。因此，为了防止自杀和伤人事件的发生，相关人员必须实施系统性的干预措施并建立完善的干预机制。

对选出的个案进行实测后，可以进行以下工作。

（一）轻生或伤害他人意念相关症状分析

当案主产生轻生或伤害他人的念头后，通常生活习惯会发生变化，比如对曾经热衷的事物失去热情，缺乏积极性和主动性，情绪波动较大，容易被情绪左右，愿意冒险尝试过去害怕的事情或者全力以赴去改进以前未能完善的事情。

（二）轻生或伤害他人意念调节方式分析

大多数人在产生轻生或伤害他人的想法后，通常会采取消极干预方式，即放任自己、自然而然地处理这种情况。大多数人找到朋友寻求帮助时并未受到充分关注，或者最多只得到了一些简短的安慰话，只有一小部分人得到了实质性的帮助。如果个别案主主动向父母求助，那么大多数人的父母会采取积极的措施来帮助他们。只有极少数人会寻求专业的自杀预防机构或心理咨询中心的帮助。然而，90% 的案例显示，出现轻生想法后，他们会向周围的人暗示或表达倾诉的愿望。

（三）对待他人轻生的态度

大学生对于他人轻生的态度和看法会受到个人对轻生的了解程度的影响，因此个人对轻生问题的态度可以作为判断其轻生意念或行为的依据，其中态度分为中立、理解和矛盾三种。

三、完善大学生心理健康教育课程体系

（一）加强大学生素质教育

为了解决大学生心理问题，高校可以将大学生素质教育体系分为多个子系统，包括全人教育、心理健康教育、职业生涯辅导教育、生命教育、成长教育、理想信念教育和挫折教育。然后，根据大学生在不同年级面临的心理危机，可以采取不同的教育措施，侧重于不同的方面。

1.一年级学生侧重于心理健康教育、全人教育、职业生涯辅导教育

（1）心理健康教育

对新入校的大学生进行心理健康普查和心理测试，以建立全面的心理健康档案。高校需要及时向相关管理人员汇报普查中发现的学生问题或异常情况，并给予这些学生更加细致、周到的关注，以便及早发现问题，预防事态恶化。学校应该积极普及心理健康培训，让大学生接受系统的心理学教育，掌握心理疾病的基本知识和特征，掌握简单的心理调节和疏导技能，以帮助自己和他人解决一些小问题。

（2）全人教育

全人教育是指通过大学学习，使大学生获得知识和技能，同时使其在自我意识、情感、道德、文化等方面得到充分的发展。这种教育的目标是培养具有全面素质和综合能力的人才，因此高校应该采取多种途径，如课堂教学、第二课堂活动、社会实践等，全面推进全人教育，帮助大学生树立正确的价值观，以有效地预防大学生心理危机的出现。

（3）职业生涯辅导教育

开始进行职业规划辅导时，学生还处于大学一年级，教师会协助他们制订具有远见的四年规划，协助他们提升竞争力、沟通技巧和团队合作精神，并帮助他们建立正确的思维框架，以帮助他们更好地应对未来的挑战。高校的职业指导应该全程贯穿于大学教育中，包括对生涯规划的辅导。大学生的职业生涯规划是一项长期且系统性的工程，需要对各年级的学生进行全面规划。应该从大一开始就积极介入，这样才能使学生明确职业目标、选择合适的职业方向，提升专业素养，将来才能顺利就业。

2.二、三年级学生侧重于成长教育、情感教育、理想信念教育

（1）成长教育

人类内在的成长欲望是无穷无尽的，然而这种欲望的实现需要基于一定的外部环境和社会圈子的帮助和引导。个体的成长并非一帆风顺的，实践证明，阻碍人成长的主要因素来自个人的内心。第一种情况是自我意识的缺陷，其主要表现是低估自己的形象，不能正确接纳自己、爱与欣赏自己。只有拥有一个良好的自我形象，并且能够意识到自己的内在有无限的潜力，个体才能够逐渐地实现自我

成长。第二种情况是将自己限定在他人对自己的评价之中。当个体成长过程中接受他人的评价后，会将其固化为社会评价。这种情况下，个体通常会说："我就这个样"或者"既然大家这样认为我，我就这个样"。第三种情况是个体的自我成长动力源在与他人的竞争中得到体现。个体在成长中有两种力量：一种是探索未知的力量，渴望去接触新的环境和经验，从而迎接挑战；另一种是安于现状的力量，害怕离开熟悉的环境。因此，社会心理学认为，通过指导高校学生从多个方面认识自我，将心理危机转化为促进成长的催化剂，有望在心理危机干预过程中促进个人成长。

（2）情感教育

情感教育是一种教育形式，旨在培养大学生的道德素养、理性思维和审美意识。大学生的情感表现具有外显性、波动性和社会性等特征，这些特点使得他们可能在展望未来的同时，易受到情绪波动、发展不成熟和外界干扰等因素的影响，导致出现一些心理问题。首先，学校要引导大学生树立正确的恋爱观，让他们认识到恋爱不是闲暇时情感的寄托，同时还要通过科学、健康的性教育和提供性心理咨询服务来帮助他们解决与恋爱相关的问题和困扰，及时疏导和消除心理障碍。其次，注重培养学生的社交能力。大学生十分渴望并珍视与人交往的机会，他们会努力提升自己的人际交往能力。然而，由于经验不足并缺乏相关技巧，他们在处理各种人际关系时可能会遇到一些困难，例如沟通问题、人际关系的不协调和冲突等。因此，开设相关选修课程和讲座以加强学生的交际能力是很有必要的，这不仅可以帮助学生应对人际交往中的困难，同时也能培养他们的社会适应能力，提高他们的就业竞争力。

（3）理想信念教育

"少年智则国智，少年富则国富，少年强则国强，少年进步则国进步。"[1] 作为社会中有学问的人群，大学生承载着传播科学知识的重要责任，同时也是社会文明和道德的传播者。当前，青年大学生是我国新时代的奋斗者，也是先进思想和文化的创新者，他们的理想信念是否坚定正确，不仅影响着我国的长远发展，更关系着中华民族的伟大复兴。当前，各种文化思潮和价值观念对大学生的

---

[1]　习近平.从小积极培育和践行社会主义核心价值观——在北京市海淀区民族小学主持召开座谈会时的讲话 [N].人民日报.2014-05-31（2）.

思想产生冲击。这种冲击不仅会影响大学生的行为，还容易导致大学生心理失衡，引发心理危机。学校需要加强大学生的理想信念教育，帮助他们正确理解个人、集体、他人和社会之间的关系，并确保他们的自我价值得到正确的体现。

3. 四年级学生侧重于就业指导教育、挫折教育、择业观教育

（1）就业指导教育

为应对当代大学生的就业现状和就业特点，高校需要转变过去单一的就业指导模式，从大一新生入学开始主动提供就业指导服务。这也意味着学校需要帮助学生科学规划自己的职业生涯，确定既符合个人实际状况又可实施的职业目标，并有计划地利用大学时光，有目的地安排自己的学业，还需通过教育引导，让学生树立正确的就业观，不过高地设定就业目标，明确自己适合从事哪些职业，并培养稳定、平和、积极、乐观的心态，预先作好应对激烈竞争的准备。学校可以通过开设创业课程和举办创业设计大赛等途径，帮助学生掌握创业的基本知识和技能，提升他们的就业竞争力，减轻就业压力，同时拓宽他们的就业途径。

（2）挫折教育

挫折，可以让人更加深刻地了解到困难的本质，有助于人们在面对艰难险阻时保持积极乐观的心态，提升克服挑战的毅力和能力。对于那些没有遇到太多困难的大学生而言，接受挫折教育能够有效地帮助他们克制消极情绪，提高他们的应变能力，进而促进他们心理健康发展。学习和锻炼可以让人逐渐培养出抵御困难和挫折的能力。首先，使学生明白遇到困难和挫折是不可避免的，个人的要求不可能得到完全满足。只有勇于面对现实，并寻找问题的源头，主动探索解决方案，才能将挫折转化为进步的动力。其次，在日常学生教育工作中，应该指导学生学会有意识地接受各种挑战。举办一些有趣的校园耐力比赛不仅可以丰富学生课余生活，还可以锻炼学生的意志力，提高个体抗挫折能力。

（3）择业观教育

通过介绍毕业生择业方针、政策和实施办法，帮助学生客观评估自己的价值，了解社会对人才的需求，树立正确的择业观。学校需要鼓励他们继承艰苦奋斗的优良传统和作风，并在毕业分配问题上将个人前途和命运与祖国的前途和命运紧密联系起来。学校要引导他们把国家和人民的利益放在第一位，主动适应国家和社会的需要，愉快地步入全新的学习和工作岗位。

（二）加强大学生生命教育和死亡教育

1. 加强生命教育和死亡教育，提高抗挫折承受能力

学生轻生的原因可能在于他们心理上的抗压能力较弱，但同时也反映出他们对生命缺乏基本的尊重，这说明我国在生命教育方面存在着缺陷。高等教育院校对于生命教育的不足导致大学生忽视了生命的宝贵意义。高校应该以思想政治理论课为核心，普遍推广生命教育，在大学生中传递"个体存在以肉体存在为前提"的哲学理念。为此，可以采用专题讲座、图片展示、观看电影等多种形式，通过生命成长和父母养育的艰辛、个体社会责任等方面教育学生，帮助大学生提高人格水平，培养积极的人生观。

2. 加强大学生被害预防教育

大学生被害预防教育，是高校为学生提供的一种有计划、有条理、有目的的培养和训练活动，旨在提高学生的自我保护和发展能力。

通过接受被害预防教育，人们能够形成被害预防意识，了解被害预防相关内容，并掌握相应的预防方法。这种教育逐渐在社会上得到广泛的认可、重视和关注。开展大学生被害预防教育，有助于他们更深入地了解刑事犯罪被害的现状和普遍性。这不仅提高了大学生防范犯罪行为并避免成为受害者的意识，也提高了我国对受害人的援助水平，进一步提升了大学生的法律素养。

借助思想政治理论课教育，将预防被害和关注个人权益的思想融入教学中，以此构建大学生的法律素养，使之成为高校教育的重要组成部分。除了课堂教育方式，防范大学生受害的方法还包括心理辅导、自卫训练以及人际交流技巧等，这些方法需要教育者具有专业技能和实践能力。开展大学生被害预防教育，可以帮助大学生掌握更好的"生存能力"，这种教育具有至关重要的基础性作用。

提高大学生的预防被害意识至关重要，因为一旦遭受伤害，就会不可逆转地对身体和心理造成不同程度的损害，并导致不同程度的经济损失。无论是哪个专业的大学生，预防被害都应该是他们生存的"必修课、公共课、基础课"。

（三）加强大学生自我发展教育

大学生应该认识到维护自身心理健康和应对心理危机的重要性，并采取积极

的措施来实现这个目标。心理健康是一个不断变化的状态，而引起心理危机的负面生活事件通常是不可预测的。大学生正处于成长发展的转折点，受外界环境和事件的影响，他们的心理状态和情绪常常会发生变化。即使是成绩优秀的学生，也可能在学业上遇到困难和挑战；即使是热情开朗的学生，也可能遇到人际关系问题和冲突。因此，大学生不应该害怕心理困境，而应视其为心理成长中不可避免的挑战。要保持心理健康，首先要认同自我，接纳自我，并感知到自身的价值和拥有自信乐观的心态。爱自己，不仅仅要认清自己的优缺点，接纳自己，以积极的态度看待人生，善于观察生活并理解幸福的真正含义，还应积极参与劳动和社会实践，建立良好的人际关系。当遇到心理问题时，爱自己也意味着积极寻求支持和专业帮助，包括寻找身边的支持力量和专业人士的帮助。在我们的生活中，每个人都可能会遇到心理危机，关键是要及时采取积极措施求助，以找到应对心理危机的有效方法，切勿让问题如雪球般越滚越大。

四、建立建全心理健康教育和心理咨询的专门机构

（一）建立建全心理健康教育和心理咨询的专门机构

除了开设心理健康教育课程外，高校应设立和完善心理咨询中心，聘用经验丰富的专业心理咨询教师，及时有效地解决大学生在学习、人际交往、财务及就业方面的心理问题和矛盾，帮助他们减轻心理压力，从源头上防止轻生、伤害他人等意图的产生。

（二）完善学生生活管理体系建设

学校通过向各学院的领导和师生发布《心理危机干预必读手册》来提高他们的心理危机应对能力。手册内容包括心理危机状态、轻生和伤害他人的征兆认知及干预技巧，抑郁症和精神分裂症的症状表现和治疗注意事项。此外，还应介绍各专业精神病医院的详细信息和校内外心理咨询机构提供的心理热线服务信息及其服务时间。建设校内外精神卫生机构资源库，以确保学生在需要帮助时，能够及时联系到相关人员和咨询专家，为他们的精神健康问题提供及时有效的帮助。

每个月围绕"学生心理健康动态"主题编写报告，详细记录学生心理咨询个

案、心理高危学生筛查状况，以及对心理危机及非正常死亡事件的及时处理情况和后续工作情况。此报告将定期向校领导和相关部门负责人提交。同时，高校要认真总结心理健康教育工作经验，并整合学校内部资源，提出改进方案。高校要不定期为学生工作队伍举办心理健康知识学习班，加强心理健康教育培训，全力推动大学生心理健康教育工作的深入开展；及时了解学生生活，尤其是学生心理状态。

（三）健全组织机构，提供人员、物资、经费保障等

高校应高度重视学生的心理健康问题，建立相应的保障体系，从组织机构、工作队伍、物资条件、经费投入等方面予以保证。

第五章　大学生心理健康教育实施方法与技术实践

大学生心理健康教育是一项复杂的系统工程，具有很强的科学性、知识性，其工作目标、内容、原则、途径有其自身的内涵。正确把握高校心理健康教育的内涵和外延，是全面、系统、有效开展心理健康教育的前提，是心理健康教育工作科学化、规范化、专业化的保证。本章为大学生心理健康教育实施方法与技术实践，主要介绍了三个方面的内容，分别是大学生心理健康教育实施的具体内容、大学生心理健康教育方法与实践、大学生心理健康教育课程开展与实践。

第一节　大学生心理健康教育实施的具体内容

大学生正处于心理上的第二断乳期，高校要对他们的心理发展需要进行及时的引导和调适。高校开展心理健康教育对提高大学生的心理健康水平具有重要意义。心理健康教育师资建设是高校心理健康教育创新发展的基本保障。根据大学生心理健康教育教师的素质，以及目前高校心理健康教育存在的师资力量不足、教师职业倦怠普遍、教育理念滞后等问题，高校应加强心理健康教育教师专业化发展，提升其工作满意度，优化心理健康教育教师人格品质，提升积极心理资本，改进教学理念和教学方法，最终提升教学效果。

一、大学生心理健康教育机制全面建设

开展大学生心理健康教育势在必行。大学生心理健康教育是一个系统的工程，也是高校思想政治工作体系的重要组成部分，高校应协调各方面因素，建立集科

学管理、预防、应对、保障于一体的心理健康教育机制，全面提升大学生心理健康教育水平。

一是将心理健康教育纳入教育培养体系。让受教育者拥有健康的心理、基本的社会公德和正常的人格，这是教育的基础和底线。在美国，早有专家指出，没有受过心理学教育的人，不算受过高等教育。

二是建立大学生心理健康教育管理机制。学校应高度重视、切实加强对心理健康教育工作的领导，把心理健康教育工作纳入学校德育工作管理体系。应建立大学生心理健康教育工作领导机构，由主管校领导负责，由校学生工作处处长担任主任，结合本地、本校的实际情况，制定本校大学生心理健康教育工作实施细则，建立健全大学生心理健康教育和心理咨询的专门机构。建立大学生心理素质培养教研室，设立团体心理辅导训练场所，设立心理健康教育网站。

三是建立大学生心理健康教育预防机制。高校要积极开展大学生心理健康教育，为有心理疾病倾向的大学生建立相关档案，主动约请他们到心理咨询中心进一步面谈排查。要以年级辅导员或各班班主任、学生骨干为主力，密切关注大学生特别是入学时被筛查出有心理疾病倾向的大学生的日常心理波动，发现情况及时上报。

学校的心理咨询中心要切实做好心理疾病预防工作，同时要加强与校外心理疾病治疗机构的沟通与合作，开设心理健康专题讲座等，努力降低心理疾病、心理事故的发生率。此外，定期开展隐患排查，重点关注失恋学生、生病学生、学困生及有心理疾患的学生，以有效预防心理危机的发生。

四是建立大学生心理健康教育应对机制。学校要积极建立大学生心理健康教育应对机制，可开展心理辅导或咨询工作，有针对性地对学生提供经常、及时、有效的心理健康指导与服务，特别是要针对高校的特殊人群开展团体教育或辅导，这对有效处理与干预心理危机有重要作用。

对于大一新生，工作的重点是指导他们适应大学环境，并根据提高大学生心理素质和促进成才的总体要求，进行心理咨询及心理危机干预。对大学毕业生开展就业心理指导咨询。每年对高年级学生进行职业能力测试和辅导，让其了解自己的职业兴趣和能力特长，即了解自己到底重视什么、喜欢做什么、能做什么、适合做什么，从而帮助学生在毕业求职择业时作出正确的选择。

五是建立大学生心理健康教育保障机制。心理健康教育的保障机制主要包括师资保障、科研保障、制度保障等。做好大学生心理健康教育工作，队伍建设是关键。

为了使大学生心理健康教育工作更加科学，从事大学生心理健康教育工作的教师的数量要多，且必须具备较高的业务水平。学校应把对心理健康教育教师的培训工作列入师资培训计划，以提高师资的质量与水平；要重视对学生管理干部，特别是辅导员和班主任的培训，使他们在日常思想教育工作过程中帮助大学生解决一些心理问题，提高大学生的心理健康水平。

六是大力开展心理健康教育的理论和实践研究。为了使大学生心理健康教育工作更加科学化、专业化，学校应不断加强相应的投入，鼓励相关教师进行理论、方法和技术的研究工作。鼓励相关教师承担有关心理健康教育的科研项目，出版专著和教材，发表研究论文。要加大力度，制定心理健康教育的相关制度和规范、如心理咨询教师岗位职责、心理咨询室值班制度、心理咨询教师职业道德规范、班级心理委员职责、学生问题报告制度、责任追究制度及心理危机管理制度等。学校拨付学生心理健康教育工作专项经费，加强心理咨询室的场地、训练设备等硬件和软件建设。

二、大学生心理健康教育教学体系建设

高校应充分发挥课堂教学在大学生心理健康教育工作中的主渠道作用，根据心理健康教育的需要，建立或完善相应的课程体系。学校应开设必修课或必选课，给予相应学分，保证大学生在校期间普遍接受心理健康教育课程。高校应充分考虑大学生的心理发展规律和特点，科学规范大学生心理健康教育课程的教学内容，切实改进教育教学方法，应有专门的教学大纲或教学基本要求。教学内容设计应注重理论联系实际，力求贴近学生。应通过案例教学、体验活动、行为训练等多种形式提高课堂教学效果，通过教学研究和改革不断提升教学质量。

三、大学生心理健康教育活动体系建设

高校应面向全体大学生开展心理健康教育活动，创新心理健康教育活动形式，拓展心理健康教育途径，积极营造良好的心理健康教育氛围，加强心理文

化建设，倡导"3·25善爱我""5·25我爱我"主题心理健康教育系列活动，营造"阳光、感恩、坚韧、创新"的心理文化氛围。通过宣传画征集、校园现场心理咨询、心理话剧、心理诗朗诵、新媒体平台推送等活动，吸引大学生广泛参与，营造浓厚的校园心理文化。应充分发挥大学生在心理健康教育工作中的主体作用，满足大学生自我成长的心理需要。应重视发挥班集体建设在大学生心理健康教育中的重要作用，支持大学生成立心理社团，组织开展心理健康教育活动，普及心理健康知识，充分调动大学生自我认识、自我教育、自我成长的积极性、主动性。

四、大学生心理咨询服务体系和心理危机预防与干预建设

高校应坚持以预防为主的原则，重视心理健康知识的普及宣传工作，充分发挥心理健康教育工作网络的作用，通过大一新生心理健康状况普查、心理危机定期排查等途径和方式，及时发现大学生存在的心理危机。高校要对有较严重心理障碍的大学生予以重点关注，并根据其心理状况及时加以疏导和干预。

五、发挥高校朋辈心理辅导的作用

朋辈心理辅导又称为朋辈帮助、半专业咨询等。在高校开展朋辈心理辅导工作是指具有一定心理学知识和助人技能的大学生，在专业心理工作者的指导下开展心理疏导和助人的过程。它的基本前提是：如果给予人们一些机会和指导，他们就有能力解决自己的大部分问题。

朋辈心理辅导的理论依据主要是"以人为中心"的人本主义心理学和社会学理论。人本主义心理学家罗杰斯认为，如果我们能提供某种特定治疗关系，求助者将有能力运用这种关系来促进成长和改变，并得到进一步发展。重大、积极的人格改变只有在人际关系中才可能发生。大学生之间由于其群体相似性，更容易拉近心理距离，建立良好人际关系。

开展朋辈心理辅导需要一支有热心、有热情且素质高的大学生队伍，在学校心理咨询中心的指导下有序开展各项工作。为此，学校心理咨询中心采取统一招聘、统一面试的方式选拔优秀大学生担任班级心理委员，或者委托带班班主任严格根据学校心理咨询中心对心理委员的选拔要求进行择优选拔，并推荐到心理咨

询中心。为了有效管理众多班级心理委员，也为了更好地促进学校心理咨询中心各项工作顺利进行，咨询中心要面向全校招聘一批综合表现优异的大学生，组建心理咨询中心骨干团队，培养各院系朋辈心理辅导员与班级心理委员一起开展班级心理工作。心理咨询中心组织学生心理团队即院级朋辈心理辅导员对接、指导和监督院系各个班级心理委员的工作。

朋辈心理辅导工作与专业心理咨询是相互联系的，二者都是大学生心理健康教育工作的重要组成部分。虽然专业心理咨询和朋辈心理辅导在咨询目标、要求等方面存在一定差异，但是二者并不是相互独立的。因此，只有加强二者之间的联系和协作，才能促进高校大学生心理健康教育和心理咨询工作的开展，进而促进大学生身心健康成长。

六、大学生心理健康教育工作条件建设

高校应保障心理健康教育工作经费，并将其纳入学校预算，确保大学生心理健康教育的日常工作需要。高校应加强心理健康教育与咨询中心建设。心理健康教育与咨询中心建设应符合大学生心理健康教育工作的特点和要求，能够满足大学生接受教育和咨询的需求。心理咨询中心（室）包括预约等候室、个体咨询室、团体辅导室、心理测评室等。

七、大学生心理健康课外教育活动

大学生心理健康课外教育活动的目标是让大学生在活动中自我探索，以便认识自我、调节自我、完善自我，并解决自己成长中的各种问题，诸如学习、交往、情绪调适、理想抱负等问题。这种自我探索不是靠教育者的灌输和说教，而是在帮助大学生发现自己的问题、找到解决问题办法的过程中实现的。学生只有经过自我探索，才会获得经验，才会得到真正意义上的成长。心理健康课外教育活动需要充分发挥大学生的主体性，把大学生看成积极主动的健康心理的建构者。无视大学生的主体性就完全丧失了心理健康教育的根本，大学生只有发挥主体能动性才能更好地实现心理成长。一方面，如果活动缺少了自主性就很难开展，至少很难激发大学生在活动中的学习动机。只有教师的讲授和心理学知识灌输，再好

的心理健康理念也无法被大学生接受和运用。另一方面，从师生关系上来讲，课外教育活动是师生双方在民主、理解、尊重的心理环境中实施的，它要求教师给予所有大学生无条件的尊重、关注、理解和信任。

心理健康课外教育活动需要以个体的体验为载体，包括情感体验、价值体验和行动体验。这些自我体验可以通过在活动中创设一定的情境、营造一定的氛围来实现。大学生从体验中获得有意义的东西，这就是感悟。可见，课外教育活动是一种自我教育活动，它没有说教和灌输等显性教育的痕迹，它可以通过大学生自己的体验和感悟，潜移默化地影响他们的成长。

心理健康课外教育活动的主题和目标是依据大学生一定的心理需求制定的，容易形成共识，为大学生所接受。大学生作为集体的一员，在活动中既是受助者又是助人者。这种互助可以增进大学生对自信、自尊的体验，从而达到助人自助的目标。教师作为辅导者、团体的带领者，应该创设良好的集体舆论、和谐的人际关系、民主自由的气氛，充分开发集体的教育资源，以利于这种良性机制的形成。

第二节　大学生心理健康教育方法与实践

一、团体心理辅导

（一）团体心理辅导的类型

1. 发展性团体心理辅导

发展性团体心理辅导是目前应用最广的团体心理辅导形式，特别在大学生的成长发展中更受关注。发展性团体心理辅导以自我成长与自我完善为重点，参加者主要是健康的正常人或抱有某些烦恼的正常人，参加的动机多半是为了更好地了解自己，充分发挥潜能，实现自我发展。

发展性团体心理辅导的基本理念是：人生是一个成长过程。在其中，每个人都会不断地遇到大大小小的困难，如果能够克服困难，人们便能在心智上有所成长。发展性团体心理辅导通过团体成员的主动参与和自我探索，培育和增加自尊感和责任感，从而达到促进个人发展。例如，领导才能提升团体、自我成长团体等。

2. 训练性团体心理辅导

训练性团体心理辅导着重训练与培养人际关系技巧，参加者是那些希望提高人际交往能力、建立和谐人际关系的人。强调通过团体环境中的行为训练来帮助成员学习如何有效地交往、如何解决问题、如何做决定、怎样表达自己的意见等。例如，敏感性训练团体、社交技巧培训营等。训练性团体心理辅导就是人们通过团体成员相互作用，学习对自己、对他人、对团体的理解和洞察，并掌握处理人际关系的技能。它有三个特性：第一，强调此时此地，不涉及成员过去的行为；第二，强调过程，不强调内容；第三，强调真实的人际关系，尊重他人，有利于他人的成长。训练性团体成员为 10 ~ 15 人。

3. 治疗性团体心理辅导

治疗性团体心理辅导是为有特殊心理问题的人而设的，通过团体特有的治疗元素，如团体所提供的支持、关心、感情宣泄等，改变成员的人格结构，增强成员的自觉，使他们康复。例如，考试焦虑治疗团体、社交障碍矫正团体等。治疗团体一般持续时间较长，所处理的问题也比较严重，往往针对某种行为异常，如焦虑、抑郁、性问题等。治疗性团体心理辅导的重点是处理过去的经验影响及潜意识的因素，同时或多或少改变个人的人格结构。因此，治疗性团体对领导者的要求比发展性团体更严格。

4. 心理教育团体

心理教育团体综合了心理辅导和信息教育二者的功能。例如，在医院中，若病人对自己所患疾病的知识有较全面的掌握，这可令病人有较佳的感受，也有助于病人与医生沟通。然而，在心理教育团体中需注意以组员情绪上的需要为主，信息上的需要为辅；领导者要避免使用艰深晦涩的专业术语，解说及指引要符合具体、浅显、清晰的原则。

（二）团体心理辅导的优势和局限

1. 团体心理辅导的优势

（1）团体心理辅导影响广泛

对团体内每一个成员来说，多数都存在多个影响源。参加团体心理辅导最有价值的地方是，无论是交流信息、解决问题、探索个人价值还是发现他们的共同情感，同一团体的人都可以提供更多观点和资源。每个团体成员不仅可以得到他人的帮助，还可以学习模仿多个成员的适应行为，从多个角度洞察自己，同时也可以成为帮助其他成员的力量，当多个成员聚在一起时，他们会发现自己的困惑并不是独一无二的，许多人拥有类似的困扰、担忧、想法、感受和体验，这种体验对克服困难非常有帮助。而且在团体情境下，成员之间可以互相支持，集思广益，共同探寻解决问题的办法，减少了对领导者的依赖。

（2）团体心理辅导效率高

在每一个团体中，团体成员都是因为同一个目标而聚在一起的，这样可以节省大量的时间和精力，也可以满足团体成员对心理辅导不断增加的需求。团体有间接学习的作用，成员之间有机会听到和自己类似的忧虑，通过观察他人怎样解决其个人问题，从而受到启发，学到很多知识。

（3）团体心理辅导成效易巩固

团体心理辅导创造了一个类似现实社会生活的情境，为参加者提供了社交机会。团体是社会的缩影，成员在团体中的言行往往是他们日常生活行为的复制品。在充满安全、支持、信任的良好团体气氛中，成员通过示范、模仿、训练等方法，使得团体特别适合于改善人际关系，培养团队精神。参加者可以尝试某些新技巧和行为，将其迁移到他们的日常生活中去。

（4）团体成员互动互助超越个人辅导

当团体成员能够自我肯定后，其思想、心态的转化、蜕变可解决当前的困扰和问题，重新架构人生意义和定位。有的团体成员甚至在解决自身困扰后帮助和鼓励他人。

2. 团体心理辅导的局限性

团体心理辅导有优于个别心理辅导的地方，在心理辅导中有非常重要的作用，特别对人际关系适应不佳的人有特殊用途；但团体心理辅导也有其局限性。团体心理辅导的局限性表现在以下几个方面：

①在团体情境中，个人深层次的问题不易暴露。

②在团体情境中，个体各有差别，以致难以照顾周全。

③在团体情境中，有的成员可能会受到伤害。

④在团体沟通过程中，成员可能会知道他人的隐私，可能会无意中泄露，给当事人带来不便。

⑤团体心理辅导对领导者要求较高，不称职的领导者会给团体成员带来负面影响。

然而，团体心理辅导的优点与局限性并非绝对的，要充分发挥团体心理辅导的优点及尽量减少问题，可以采取相应的措施，如团体辅导开始前要有明确的团体规范，注意保密原则等。

（三）团体心理辅导的功能与目标

1. 团体心理辅导的功能

人是社会性动物，人类的行为具有社会性意义。一个人要了解自己，最好是从团体中去了解；要改变自己，最好是从团体中去改善；要实现自我，最好是从团体中去实现。因此，团体心理辅导具有教育、发展、预防与治疗四大功能。

（1）教育功能

团体心理辅导的过程是一个借助成员之间的互动而获得自我发展的学习过程。团体心理辅导非常重视成员的主动学习、自我评估、自我改善，有利于参加者的自我教育。团体心理辅导的过程还有利于培养参加者的社会性，学习社会规范及适应社会生活的态度与习惯。成员在团体中可以交流信息、互相模仿、检验现实、学习人际关系技巧等，这些都具有教育意义。

（2）发展功能

团体心理辅导的积极目的在于发展的功能，这是咨询心理学遵循发展模式的直接体现。团体活动可以改善成员不成熟的偏差态度与行为，促进良好的心理发展，培养健全的人格。尤其是学校团体心理辅导能给予正常学生以启发和引导，满足学生的自我发展需要，促进其自我了解与接纳，改进人际关系，学习建立充满信任的人际关系所必备的技巧与方法，养成积极应对问题的态度，对自己充满信心，对未来充满希望。

（3）预防功能

团体心理辅导是预防心理问题发生的最佳途径。团体心理辅导可使成员加深对自己的了解与认识，懂得什么是适应行为，什么不是适应行为，提供更多的机会让成员之间交换彼此的意见，互诉心声，讨论日后可能遇到的困难及应对策略，提高对问题独立处理的能力，预防心理问题的发生或降低心理问题发生的概率。成员在团体中可以更好地了解他人、接纳他人，满足隶属感和互谅互爱的需要，这些都具有预防的功能。

（4）治疗功能

心理治疗学家强调人类行为的社会相互作用。团体活动的情景比较接近日常生活与现实状况，以此处理情绪困扰与心理偏差行为容易获得效果。在团体中，个人的问题或困扰可以通过一般化作用而勇敢面对，通过澄清与回馈获得了解，通过净化作用与洞察获得疏解。

2. 团体心理辅导的目标

（1）团体心理辅导目标的功能

在团体心理辅导过程中，团体心理辅导目标具有以下四个功能。

①导向性。团体目标引领着团体活动的方向，是领导者与成员经过共同努力要实现的状态。

②聚焦性。团体目标可以协助成员将自己的注意力集中在团体主题上。

③激励性。团体目标有助于调动成员的积极性，使成员努力克服暂时的困难，最终实现目标。

④评估性。团体目标为领导者评价带领团体的效果，以及适时调整团体活动主题提供了一个参照标准。

（2）团体心理辅导目标的层次

从团体心理咨询的特点出发，将团体心理辅导的目标分为独特性目标和一般性目标。

所谓独特性目标是指每一个团体心理辅导都具有明确的针对性，例如：自信心训练小组的独特性目标是增强自信心；人际关系训练团体的独特性目标是改善人际关系，掌握交往技能。

一般性目标是指无论哪种团体心理辅导，在团体活动中都会包含的目标，具体可概括为以下 6 条。

①通过自我探索帮助成员认识自己、了解自己、接纳自己，使他们能够对自我有适宜性看法。

②通过与其他成员沟通交流，学习社交技巧和发展人际关系能力，学会信任他人。

③帮助成员培养责任感，关心而敏锐地觉察他人的感受和需要，更善于理解他人。

④培养成员的归属感和被接纳感，从而更有安全感，更有信心面对生活中的挑战。

⑤提高成员独立自主、自己解决问题和抉择的能力，探索和发现一些行之有效的途径来处理生活中一般发展性问题，解决冲突矛盾。

⑥帮助成员澄清个人的价值观，协助他们作出评估、修正和改进。

（四）高校团体心理辅导的组织与实施

大学生都处在相似的身心发展阶段，有着共同的发展课题和成长困扰，同时成长中的他们更关注同伴对自己的评价，更容易接受同龄人的建议，这就使得团体心理辅导在高校具有广阔的应用前景。为确保高校团体心理辅导活动实现预期的目标，高校要切实遵循团体心理辅导工作原理，准确定位活动目标与主题，科学设计工作方案，注重甄选团体成员，并做好评估工作。

1. 确定团体心理辅导的主题

主题是团体心理辅导的灵魂，团体的一切工作都必须围绕着主题来开展。根据高校心理健康教育的内容、目标，高校团体心理辅导涉及的主题主要包括人际交往（同学、师生、亲子）、异性交往、情绪管理、压力应对、认识自我、自信心提升、潜能开发、生涯发展、新生适应、班级凝聚力、学习行为等与大学生心理成长相关的问题。确定团体心理辅导的主题首先要确定团体的性质和团体心理辅导的目标。

（1）团体心理辅导的目标

目标是团体的航向，是对团体心理辅导的预期。团体心理辅导的目标必须清晰、具体、可操作，这是确保团体心理辅导成功的关键。另外，目标与团体成员的主观需求一致性越高，团体的凝聚力就越强，辅导的效果也就越明显。高校团体心理辅导的目标可以分为两大类。

第一，以帮助大学生解决各类适应性困难为目标。例如：新生适应团体，其目标是帮助新生适应陌生的环境，消除陌生感、孤独感，感受集体温暖，投入新的学习生活；人际沟通团体，其目标是协助成员观察与学习人际吸引与沟通技巧，体验积极沟通和沟通差异性，提升人际交往技能。

第二，以促进大学生素质全面发展为目标。例如，生涯规划团体心理辅导，其目标是帮助学生形成"生涯发展"的理念，帮助他们澄清职业价值观，了解自己的优点和限制，学会规划，以实现自我理想，经营美好的人生。

（2）团体心理辅导的主题和名称

团体心理辅导的主题要与大学生的学习生活、成长发展密切相关，也就是说要选择大学生密切关注的主题。为了实现这一目标，在确定主题和名称前可以与相关学生一起讨论。在确定主题名称时要注意以下两点。

第一，名称要通俗易懂并准确定位心理需求切入点。一般来说，名称要符合大学生的语言习惯和审美标准，晦涩难懂、命令式或"贴标签"的名称都会导致学生不敢或不愿参与。例如，部分高职学生存在学习动力不足的心理特点，组织学习策略类团体心理辅导非常有必要，但如果将名称定为"压力应对"可能吸引力不够大，但是把名称改为"与压力共舞"，可能会吸引一部分学生。总之，主题及名称既要清晰、具体，又要通俗易懂并迎合学生心理需求，确保学生参与的兴趣。

第二，名称要与欲解决的核心问题紧密结合。大且不切实际的名称，会使学生失去对团体心理辅导的信任。有的组织者为了吸引更多的学生参加，可能会在前期宣传时夸大活动效果。如将"革新未来"作为生涯探索主题的名称，而"革新未来"一词包含了更广泛的内容，结果会造成成员预期过高，这不利于达成辅导效果。

2.设计团体心理辅导活动方案

设计团体辅导活动方案是指在弄清团体辅导性质、目标与主题的基础上，进一步确定如何开展团体辅导，以取得相应的工作效果。一般来说，高校团体辅导方案设计首先要遵循匹配性强、易于操作、安全性强的总原则。其次要落实各项具体内容，具体来讲包括环节选择与设计、场地选择与道具储备、确定领导者。在方案设计完成后，还应进行讨论和修正，并开展预练，以达到最佳的辅导效果。

（1）环节选择与设计

团体心理辅导好比一项工程，由一系列环环相扣的环节组成，各环节既要能充分表达主题，隐藏心理表征，营造积极团体情境，显现内在心理动机，转化心理冲突，又要相互承转自然，张弛适度，快慢缓急，铺设有序。这些都需要组织者事先研究，精心设计。一般来讲，具体环节包括热身与分组技巧、流程控制与转接、作业设计、材料使用、时间掌握等。每个环节都需要结合实际情况来设计，以确保操作能够顺畅而富于技巧性地完成。另外，在环节选择与设计时，还要预备应急方案，以应对可能出现的成员不合作或不到场等情况。

（2）场地选择与道具储备

组织者要重视场地与道具在团体心理辅导中的促进作用。团体心理辅导场地与道具表面上看是物化的，但如果得到巧妙利用，就成为促进团体动力的有利因素，甚至能发挥意想不到的作用。一般而言，场地要宽阔、舒适、明亮，并配备相应的硬件设施，能满足成员开展活动的要求。在可能的情况下，还要运用音乐、视频营造相应的活动氛围。高校要善于整合或节约人力、物力、财力等资源，为活动创造条件，如充分利用室外资源——操场、画廊等。道具储备缺乏资金时，可以尝试寻找替代品。

（3）确定领导者

高校团体心理辅导领导者队伍序列包括专职教师、辅导员及高年级朋辈互助员，他们在专业技巧、工作经验与时间上有所区分。总的来说，一个合格的团体心理辅导领导者必须具备良好的人格特质，对团体心理辅导理论有充分的了解，具备建立良好人际关系的能力，掌握基本的领导技能与专业技巧，具有丰富的咨询经验并能严格遵守职业道德。在此基础上，在确定领导者时，还要考虑不同主题与层次的团体心理辅导需要不同层次的领导者，只有这样才能满足不同层次、类型的团体成员的需求。如新生环境适应团体对领导者的专业技巧要求不是很高，领导者可以是辅导员或高年级朋辈互助员，但情绪管理团体，其中涉及较多的讨论环节，就需要由具备一定团体心理辅导工作经验的专职心理教师来带领完成。

3. 甄选团体成员

针对高校心理健康教育部门提供的团体心理辅导服务，大学生的态度一般表现为两种，一种是不愿或不敢参与活动，另一种是过于依赖，没有选择性地参加活动。

大学生自主意识强，既不能通过强制的方式要求他们参加，也不能没有筛选，违背心理教育原则，让所有有意愿的学生任意参加。在开展团体心理辅导前，组织者必须做好甄选团体成员的工作。

（1）招募

①宣传。通过海报、校园广播、校园网、校园电视台、校刊校报、学生 QQ 群、博客等各种校园媒介，让全体学生了解将要开展的团体心理辅导的主题和有关事项，招募团体成员。

②动员。动员包括三类：一是辅导员、班主任、任课教师在日常的教育教学中，如果认为某个或某些学生有必要参与团体辅导，则可动员他们来参加；二是动员在心理普查中筛查出的有同质性心理成长问题的学生，参加团体心理辅导；三是心理专职教师在日常咨询接待时如果发现某些案主适合参加团体心理辅导，也可建议其参加。

（2）筛选团员

①筛选原则。团体成员的选择应该具备三个条件：自愿报名参加，并有改变自我现状的强烈需要；愿意与他人交流，并具有与他人交流的能力；能够坚持参加团体活动，并遵守团体的各项规则。由该类成员组成团体，才能有利于开展交流，最大化地促进团体动力形成。

②筛选方式。在报名结束后，要根据团体心理辅导的性质、目标、主题和报名者具体情况，如参与动机、心理状况及成员与领导者的匹配情况等，确定哪些报名者可以参加相应的团体心理辅导活动。

4. 开展辅导活动

团体心理辅导的各项准备工作就绪后，便进入辅导实施阶段。无论是什么主题、目标、规模的团体心理辅导，一个完整的团体心理辅导都分几次完成，每次的辅导活动都要经历以下四个过程，而且每个过程都是连续的、相互影响的。在高校开展团体心理辅导也是如此。

（1）团体初创阶段

①阶段任务。在团体初创阶段，成员一般缺乏安全感，并有较多的依赖、陌生与困惑感，因此初创阶段的主要任务是营造安全、温暖的团体氛围，消除成员的疑问、困惑，帮助成员相互认识，强化团体规范，订立团体契约。

②实施要点。大学生思维活跃，愿意接触新人新事，参与团体心理辅导热情

较高，对团体心理辅导的期望值较高，并在自我认识、社会化等方面存在一定主观性，特立独行的情况也较多见。领导者要准确把握这些心理特点，以有效掌控初创阶段。首先，可通过微型演讲，协助成员明确参与动机，同时缓解部分成员的焦虑或紧张。演讲风格要自然、温暖，而非假、大、空。其次，领导者可组织比较简单的游戏帮助成员的互相认识，这称为热身活动、破冰活动。动态的游戏不仅能使成员紧张的情绪得以放松，而且能拉近彼此的心理距离。当成员之间能比较舒适地沟通并愿意开放自己时，领导者便可以引导团体成员进入讨论阶段，自主订立团体契约。需要指出的是，破冰活动虽然较好操作，但如果领导者的开场白不能说服成员，或语言过于简单，或选择的游戏过于儿童化，有可能导致部分成员不合作，或从一开始就失去对团体心理辅导的信任。

（2）团体转换阶段

①阶段任务。在团体转换阶段，团体成员心理行为表现为试图积极地融入团体，在团体中找到自己的位置，同时又担心自己不被接纳，害怕受到攻击和伤害。这时，团体成员间还缺乏信任，团体成员会有抗拒和焦虑的情绪。这一阶段的主要任务是增强团体凝聚力，促进团体成员建立合作配合关系，鼓励成员表达和处理冲突。

②实施要点。大学生具有希望自己属于高凝聚力团体的心理需求，有的成员急于表达但缺乏深入思考，有的成员想表现优秀却陷入夸夸其谈，内容失去针对性，阻碍团体动力形成，还有的成员抗拒发言，未能全心参与，游离在团体情境之外。在这一阶段，领导者要做到以下几点。

首先，领导者要创设放松的心理环境，鼓励成员讨论团体中出现的问题，主动解决矛盾，使团体成员在互动中逐渐相互接纳、相互认同、相互信任。

其次，要理性分析部分或个别成员想融入团体又担心被伤害的矛盾心理，谨慎、准确地选择恰当时机，采取有效的介入措施，既给成员必要的支持，又施加适度的压力帮助他们融入团体。

再次，要及时处理成员的焦虑、阻抗等情绪。当领导者觉察有团体成员冲突时，要给予积极解释，力争转化矛盾或将议题转换到带有积极象征的内容上来。

最后，领导者要适当自我开放，真诚接纳成员，让自身言行对团体成员具有较强的示范作用。

（3）团体工作阶段

①阶段任务。团体工作阶段是团体心理辅导的关键阶段，这一阶段的任务是在积极、和谐的团体氛围中，通过成员个体的全身心投入，促进成员之间合作、学习并尝试新行为，达到认知重建的目的。

②实施要点。大学生具有成就动机强、重视社会评价、容易接受同辈影响等积极的心理特点，但是由于过于喜欢好的评价，也存在过快、过多的伪认同，而真正的内化其实并未形成。在这一阶段，领导者要做到以下几点。

一是要调动成员的参与行为，促使成员充分谈论自己或他人的心理成长经验，在获得他人的理解、支持的同时也获得指导。在此过程中，要识别成员的伪认同，并及时提问，具体讨论议题，确保成员经历了真正思考与分析的过程。

二是要通过团体人际互动，帮助成员发现自身的优缺点及不足，并把团体当成一个安全的实验场，练习、改善自己的心理行为，以期能扩展到现实生活中。这一阶段采取的团体活动形式和技能因辅导目的、类型、对象的不同而不同。有的团体采用讲座、讨论、写日记等形式；有的团体采用自由讨论的方式；有的团体主要采用行为训练、角色扮演等方法。

（4）团体结束阶段

①阶段任务。在团体结束阶段，成员会出现失落的情绪，甚至流露出对未来冲突的担心，或出现退缩行为，团体情境呈现松散现象。所以，此阶段的主要任务是巩固辅导成果，强化成员已经做出的改变，帮助他们将体验到的方式、方法迁移到其他社会实践活动中去，以积极的状态适应外界环境。

②实施要点。虽然团体辅导的团体是临时的，但由于团体成员都是在校大学生，团体结束后成员之间仍然有机会交流与沟通，针对这些特点，领导者要在结束阶段鼓励成员保持联系，相互交流参加团体后的心得，以巩固团体心理辅导效果。因此，在此阶段要再次加强团体成员的联系。

一是协助团体成员回顾整个辅导过程，巩固成员获得的经验。成员在领导者的带领下反省自己的心路历程，表达个人感受并对自己的成长和变化进行评价。

二是通过一些祝福与道别活动，如互相赠送自制小礼物或说一些鼓励与祝福的话语，加强成员情感交流。

三是引导成员利用大家已建立的团体关系，商议今后的打算、应该制订什么计划、对未来有什么展望等。

四是领导者通过总结性演讲总结整个辅导过程和目标达成情况，尤其要鼓励团体成员把体验到的经验应用到现实生活中，并鼓励相互见证。

5.进行效果评估

团体心理辅导效果评估是指通过不同方法，搜集能反映团体心理辅导效果的各种资料，帮助团体领导者及成员了解团体心理辅导的成效，以发现问题、积累经验、提升工作水平的一种过程。总体而言，为了更有效地开展高校团体心理辅导工作，领导者要遵循操作性强、实用性突出的原则，了解效果评估的工作内容与方法。

（1）效果评估的内容

①团体领导者的评估。团体心理辅导活动结束后，领导者可以将目标与成效进行对比，自省以下问题：辅导过程与计划是否相符，偏离计划的原因是什么？辅导方法是否恰当，是否满足成员的需求，满足程度如何？还有从这次团体辅导过程中学到了哪些新的经验等，以提升专业水平。

②团体成员的自我评估。成员的自我评估主要包括自我参与的评估，即心理状态、参与程度、尊重成员、尝试协作等；对团体成效的评估包括个人受益情况、团体优缺点及相应的建议等；自我追踪评估，包括团体对自己生活的影响、存在哪些改变等。

③团体方案、过程和结果评估。方案评估是指评估方案经实施后是否完善，是否满足成员的参与需求，方案目标是否明确等。过程评估包括团体的关系、气氛、执行、事件处理、结束是否妥当等。结果评估是指通过综合成员对团体的感受、看法、满意程度及其行为变化状况，客观评定团体咨询的成果，以改进今后工作。

（2）效果评估的方法

①行为量化法。由领导者设计一份观察表，要求团体成员自己观察相关行为出现次数并做出记录，或请其他团体成员做观察记录。该评估法用于评估团体成员的外显行为、情绪、思维是否有改善。利用行为量化法对成员的非适应性行为

进行量化，既有利于领导者开展心理健康教育研究，又有利于成员评估个人行为，巩固教育效果。

②心理测验法。由领导者选取信度、效度较高的标准化心理指标，对团体成员的前测、后测结果进行比较，判断辅导是否有成效。相对行为量化法，心理测验法提供了更权威的量化数据。

③问卷调查法。由领导者设计一套《团体成员自我评估问卷》，问卷或为开放式或为封闭式，主要内容包括成员对团体心理辅导过程、主题、目标、气氛、领导者工作方式的满意程度等方面，以便从成员的主观感受方面了解辅导效果。该评估方法有利于领导者总结工作，提升团体心理辅导技能，同时也是考评领导者工作的有效方式之一。

④主观报告法。通过团体成员的日记、自我报告，领导者的工作日志、观察记录等方法评估团体的发展和效果。主观报告法既是成员参加团体的总结，也是领导者的总结，既能巩固教育效果，也能寻找不足，不断完善相关工作。

（五）积极心理团体辅导在心理健康教育中的应用

1. 积极心理团体辅导内涵再思考

团体心理辅导（group counseling）是发生在团体情境下的一种心理咨询方式，是由经受专业培训的团体领导者，运用心理学技巧和方法，针对成员共同或类似的问题，通过团体内部的交流辅助个体正确认识自己或他人的面临的问题，最终获得顺利解决问题、树立正确信念的能力。自 20 世纪 90 年代团体心理辅导传播到中国以后，团体心理辅导作为一种有效的心理干预手段，拥有强大的理论支持系统和丰富的实践操作活动，凭借其活泼性、易迁移性、短时见效性、可操作性、普遍性等特点，逐渐取代个体咨询在学校心理健康教育中的地位，受到了众多心理健康教育工作者的青睐，将其应用于解决人际交往、考试焦虑、自信心缺乏、适应不良、压力应对等问题，并取得了有效成果。因此，团体心理辅导与学校心理健康教育具有更高的契合度，并在心理健康教育课程中发挥着显著的实效作用。

1997 年，时任美国心理学会（American Psychological Association）主席的塞利格曼（Seligman）首次提出"积极心理学"（positive psychology）的概念，并将其界定为一门运用比较成熟的心理学研究方法与测验手段，研究人类积极力量、发展潜能和美德等积极品质的学科。积极心理学的核心目标是理解和帮助人类获得幸福与主观幸福感。积极情绪体验、积极人格特质与积极的社会组织系统是积极心理学理论与实证研究的三大板块，这三者彼此紧密联系，缺一不可。随着积极心理学思潮在我国兴起，越来越多的研究者将积极心理学基本理念应用到团体辅导活动中。积极心理学更侧重于积极心理品质、积极情绪等方面的研究，这冲击了传统学校教育认定的治疗观和矫正观，因此积极心理学导向下的团体辅导在学校心理健康教育中的应用也逐渐被关注。

目前国内外有不少学者已经致力于相关研究，并分别以"内容趋向"和"机制趋向"为出发点，提出积极心理团体辅导的含义。

"内容趋向"的观点侧重于积极心理团体辅导的内容与主题，认为积极心理团体辅导就是建构或发现、强化、维持成员的积极心理资源。这种团体辅导不是直接针对成员的心理问题或心理疾病开展辅导活动，而是通过强化成员本身的积极品质，使其最终摆脱负性情绪，解决心理问题。例如，国外学者帕斯卡尔·安托万（Pascal Antoine）等人设计并开展为期六周的积极心理团体辅导活动，使学生的意念和专注力得以增强，结果还发现个体特质焦虑、抑郁症状和心理压力明显减轻。国内学者王奕冉在对实验组和控制组数据进行分析以后发现，积极心理团体辅导能够显著提高贫困大学生的心理韧性，同时使其就业能力得到快速提升。但这种定义夸大了团体辅导的效果，忽视了对辅导结果的要求。例如，感恩作为一种积极心理品质可以通过团体辅导养成，但是一味要求养成感恩可能会使成员忍受过度。

"机制趋向"的观点关注积极心理团体辅导的机制与结果，它强调积极心理团体辅导就是改变积极变数或帮助个体获得积极结果的心理咨询活动。戴维斯（Davis）在其研究中表明感恩和品位的培养能够使成员体验到积极情绪，最终提升幸福感。廖冉等人面向大一新生开展以积极心理学为导向的团体辅导，发现积极心理团体辅导通过发挥教育功能、发展功能、预防功能和治疗功能，有效提高大学生的自尊和心理健康水平。虽然"机制趋向"对积极心理团体辅导的界定已经比较明晰，但这种定义的缺陷在于我们无法确认积极品质是否是因为使用了可操作的团体辅导技术才获得的。

经过以上信息梳理可以看出，目前国内外学者对积极心理团体辅导的概念解说并没有一个统一的标准，对其意义的理解也有失偏颇。积极心理团体辅导的对象不仅可以是心理疾病患者，也可以是心理健康的群体；辅导的目的不仅是帮助个体治疗与消除心理问题，也包括鼓励个体自我提升，帮助其达到丰盈的状态。

　　综上所述，笔者认为应从"内容"和"机制"两个角度共同定义积极心理团体辅导，即积极心理团体辅导是以强化团体成员的积极品质为目标，以改变积极资源为手段，选择并设计与积极心理学理念契合的团体辅导活动，帮助成员改善消极情绪和解决心理问题，最终实现心理健康水平提升的一种团体辅导的新形式。

　　2. 积极心理团体辅导开展形式

　　积极心理团体辅导的顺利开展，离不开严密的科学组织工作，同时也要遵从配对性好、利于操作和安全性强的使用原则。在积极心理团体辅导中，比较常见的活动方式有户外拓展活动、心理品质训练、积极分享和心理剧等。接下来将着重介绍这几种活动方式，探讨积极心理团体辅导如何在心理健康教育课程中运用和实践。

　　（1）户外拓展活动

　　户外拓展活动要求领导者根据活动目标事先策划好相关的活动步骤与内容，在真实的情境中带领成员操作活动，在互动过程中教会成员重新塑造认知信念，积极思考。积极心理学视角下的户外拓展活动，在活动内容设计方面，更加注重让成员认识"我有"、发现"我是"、体验"我能"等的积极状态。在课程内容和实施过程方面，户外拓展活动作为积极团体辅导活动的一种方式，包含人际关系、人格训练等。在结果评价方面，户外拓展活动更侧重于成员在此过程中是否发挥其坚强的意志、获得自我提升的信念、体验到较强烈的幸福感。例如，大一新生军训期间以"人际关系"为主题设计为期一周的积极心理户外拓展活动，鼓励新生面对困难，增强班级集体凝聚力。

　　（2）心理品质训练

　　心理品质训练是指利用短期或者长期的团体训练方式建立、培养与维持个体积极心理品质。积极心理学视角下的心理品质训练主题与内容选自塞利格曼等人提出的6大美德和24种积极心理品格优势。训练形式可选择如美丽日记（beautiful journal）、美丽瞬间（beautiful moment）、再归因训练（reattribution training）等积极团体辅导方式。曾有国外学者以培养"审美"的积极心理品质展开了为期三周的积极心理团体辅导，要求成员每天撰写"美丽日记"以培养审美能力，最终实现了预期设想。还有国内学者以心理韧性为主题设计 8 次辅导方案，通过再归因训练引导学生形成积极的归因模式，有效提高贫困大学生心理韧性。

（3）积极分享

积极分享是个体围绕具体的积极心理品格阐述自己的优势，与其他成员共同分享切身的积极感受，如我的特长是什么，我知道做哪些事情使我更加快乐等。积极分享作为积极团体辅导的一种活动方式，以人际沟通理论为活动基础，要求领导者围绕积极心理品质展开分享，最终提高成员的人际交往能力，通过交流使个体正确认识自己的优点，学习他人处理问题的方式，及时修正不足之处。在实际应用中，如在审美训练结束以后建立"分享平台"，要求个体与其他成员就参与活动的心得进行互动，发现积极分享也能够培养个体的积极心理品质。

（4）心理剧

心理剧也称为角色扮演，1921 年由精神病理学家莫雷诺（Moreno）在其研究中首创。校园心理剧是指通过角色表演，以戏剧的形式展现各种心理问题和积极品格，探索个体的自我优势、人际关系、情感体验等问题，使演员和观众从中受到深深的震撼与启发。从积极心理学的角度来看，心理剧更加关注成员在此过程中的即时体验和感悟，唤醒个体的自主能动性与创新能力，激发自我实现的潜能。在积极心理学导向下的团体心理辅导中，以"感恩""心理弹性""尊重"等积极心理品格优势为心理剧主题和内容的研究逐渐发展成熟。

3. 积极心理团体辅导在心理健康教育课程中的应用与实践

积极心理团体辅导在本质上与传统团体心理辅导有很大的不同，为了帮助研究者与教师在未来的研究和操作中准确把握积极心理团体辅导在心理健康教育课程中的应用方向，需要在实际操作中注意以下事项。

（1）在主题选择上，教师应注意积极心理品质内容化

塞利格曼及其合伙人彼得森（Peterson）在对积极心理学进行多年研究之后建立了 VIA（values in action classification of strength）体系，此体系以人类的 6 种美德（智慧与知识、勇气、仁爱、正义、节制、精神超越）为根基，这 6 种美德分别对应 24 种积极心理品格优势，即创造力、好奇心、开明、热爱学习、洞察力；勇敢、坚毅、诚实、活力；爱、善良、社会智能（社交智力）；公平、领导力、团队精神；宽容、谦虚、谨慎、自律；审美、感恩、希望、幽默、信仰。积极的心理品质有助

于个人在面对挫折、压力等难题时采用有效的应对措施，保持积极的心态，更好地适应社会生活。根据积极心理学的理念和团体心理辅导的理论基础，在开展活动之前，教师应注意根据学校学生整体的实际发展情况和 VIA 体系共同筛选活动主题。

（2）在目标设定上，教师应注意引导个体发展

埃里克森（Erikson）将个体的人生发展划分为八个阶段，每个发展阶段的个体年龄特征和心理特点都互不相同。因此，在积极心理团体辅导中，教师需要根据各个年龄阶段所对应的特点发现并确定学生在生理与心理上的需求，必须遵循积极心理干预和团体心理辅导的理念，以发展为指标，识别并培养天赋型学生，摒弃传统的消极心理思想，把发掘个人优势、矫正自我认知、获得积极心理品质和丰富学生生活等作为教学目标。研究显示，在心理健康教育课堂上，积极心理团体辅导能够有效丰富积极心理资源，从而减少学生消极情绪体验，最终导致亲社会行为增加而攻击行为减少。

（3）在方案设计上，教师应注意活动参与度和可操作性

在心理健康教育课程中，教师需要熟练使用积极心理学的设计理念，注重选择与提升与积极心理有关的团体辅导活动，以最少的经济成本达到最好的教学效果；高校应充分利用网络优势，努力探索新媒体在学校心理健康教育课程中的应用方式。注重设计使学生"主动参与"的课堂活动，将线上与线下心理健康教育相结合，课上教授相关知识，课下以设置人生目标、美丽日记等方式指导学生挖掘、培养、维持积极力量与人格优势。例如，教师在设计心理健康教育活动时可基于电子邮件形式筛选符合实验条件者，然后通过阅读书本和心理咨询师的线上指导进行积极心理干预。

（4）在活动组织上，教师应注意将单独操作与整合应用结合

在开展积极心理团体辅导活动时，要从"以学生为中心"的教育原则出发，教师应注意调动学生在课堂上互动交流的积极性，完全接纳和包容整个团体，鼓励个体关注认真参与活动时所带来的高峰体验，用心感受活动的乐趣，将心理健康知识内化于心，并为学生留出空余时间，要求其主动讲述自己的感受，使其真正融入团体辅导活动。研究显示，个体对于主动参加的活动，会表现出更多的兴趣、坚持、独创力和自我约束等优势。此外，积极心理团体辅导不仅可以单独运用于心理健康教育课程当中，也可以结合其他呈现方式（如电子媒介等）。

（5）在效果评价上，教师应注意评价主体多元化

积极心理团体辅导活动的效果评价应以个人评价和他人评价为主，即个体主动分享活动心得，共享所体验到的积极情感和获得的积极品质，其他成员轮流对个体在活动中的表现和自我评价进行剖析、指正和鼓励。当然，评价不仅侧重于个体对当前活动所产生的感受，更应引导学生将其拓展到学习与生活当中。等所有成员评价结束以后，教师需要综合个体活动表现、自我评价和他人评价给予学生最终的效果评估，并鼓励其在未来的学习与生活中继续保持在活动中获得的积极资源。

总之，积极心理团体辅导的出现，为心理健康教育的成熟发展带来了契机。但是，目前的研究只提供了积极心理团体辅导对解决心理问题、培养积极品质可能起到的作用，而关于积极心理团体辅导设计的文章和书籍少之又少，仅依据传统团体心理辅导的活动方式去开展积极心理团体辅导，不利于研究的进步。研究者在其探索过程中很容易过度理解积极心理团体辅导的意义，以后的研究应注意从"内容趋向"和"机制趋向"两方面着手，使积极心理团体辅导的发展更加乐观。

二、心理健康课外教育活动的设计与实施

（一）课外教育活动设计原则

课外教育活动要以大学生心理特点和年龄特征为总的指导原则，这是心理健康课外教育活动生存和发展的出发点与落脚点，也是每个活动组织者必须遵循和重视的原则。此外，还需遵循以下原则。

1. 层次性与逻辑性

心理健康课外教育活动的设计可以参照团体心理辅导活动设计的原理，各环节要有层次性，由浅入深，层层递进，富有逻辑性，只有符合大学生认知特点与规律，才能使他们对每个主题活动有宏观的把握。同理，心理健康课外教育活动的设计也要遵循层次性与逻辑性原则，活动与活动之间要有梯度，不管是形式还是内容，都是如此，这样学生才能更好地理解主题。如果所有课外教育活动的类型都相似，学生就会失去兴趣，无法达到心理健康教育所期望达到的效果。

2. 启发性与启智性

要想学生在心理健康课外教育活动中碰撞出智慧的火花，产生头脑风暴，主题活动的设计一定要具有启发性，能够启发大学生积极地进行深入思考，并能够想得深远。这种启发不只限于对活动主题的思考，还可以扩展到对生活中类似问题的思考，并让学生有所感悟。好的课外教育活动还能让学生智慧生长，或者找到一些解决心理困扰的灵感。因此，遵循启发性与启智性原则是一种高境界，也是心理健康课外教育活动保持长效的一个重要因素。

3. 活动性与互动性

心理健康课外教育活动应以活动为中心，让学生在各种模拟情境中去讨论、体验和训练，使他们可以通过直接的实践活动来提高心理素质和心理健康水平，促进个性发展。活动性是心理健康教育课外教育活动的突出特征。在活动中，要发挥积极的、双向互动的团体动力效应，要通过讨论、分享等方式促进师生互动、生生互动、学生与环境互动，让学生在互动中获得心理体验和认知，进而影响其行为。

（二）课外教育活动的设计步骤

1. 确定活动主题

活动主题是整个活动的灵魂。主题选择途径有很多，可根据心理健康教育的主要内容进行选择；开展调查，根据学生的心理需求进行；根据不同学生心理发展阶段所需的知识确定。需要注意的是，主题的选择要结合学生心理发展实际，具有可操作性。例如，某校开展的"愿意学、学会学、有效学——大学生学习心理辅导"心理健康主题教育活动，活动主题的确定首先是因为学校将该年度设为"学风建设"年度，为配合这一工作，心理健康教育中心将本年度的心理健康教育活动的主题定为"大学生学习心理"。另外，通过问卷调查的方法，了解、掌握学生学习心理现状，教育活动的落脚点放在了学习动机、学习方法和学习效果上。

2. 活动理念

实现心理健康课外教育活动目标的并不是活动，而是活动背后的教育理念，脱离了教育理念的活动是很难真正发挥作用的。如何缩短学生心理现状与心理发展目标之间的差距？人本主义者认为要创造良好的人际环境来激发学生的心理潜能，促进学生自我实现；行为主义者认为应该进行行为塑造，通过行为的改变来促成心理的改变；精神分析学派认为应透过深入的心理分析来解除学生心理压抑的情绪，让学生的心灵获得成长。当持有不同的心理发展理念时，所采取的教育活动方式就会不同，有的侧重环境氛围的营造，有的侧重行为技巧的训练，有的侧重自我表露和情感分享。所以在这一阶段，最重要的是要形成一种理念，在教育现实和教育目标之间建立有效的联系，从而在这种教育理念下去设计和组织活动，使活动最终为理念服务。

3. 确立活动目标

确立活动目标就是确立活动最终想要实现的成果，只有目标清晰明确了，才能制订计划并付诸实践。清晰化、具体化、可操作是活动目标设计的基本要素。如以"学习心理"为主题的课外教育活动的总目标是帮助学生发现自己的学习潜能，提高学习能力。在设计时，我们还要对这一总目标进行具体化：引导学生认识自己的学习潜能，引导学生培养浓厚的学习兴趣，引导学生树立正确的学习观念，引导学生发展学习能力，引导学生养成良好的学习习惯与有效的学习方法，引导学生培养适应与改善学习环境的能力。

4. 确定活动内容

活动目标需通过一系列的活动内容来体现，内容是目标的载体。活动内容是指活动项目的集合，它们表现为一个个活动单元，关系到活动目标的实现程度。如根据"学习心理"主题教育活动的总目标，可将活动内容设定为：培养良好学习习惯和方法、掌握记忆技巧、培养创新能力、克服考试焦虑。活动的基本任务是：提高学生的学习技能；掌握有效学习策略，发展创造力；培养学习兴趣和良好的学习态度，激发学习动机；正确对待学业成功与失败，树立自信心；养成良好的学习习惯，帮助学生解决与学习有关的各种困惑。

5. 设计活动项目

明确活动目标、活动内容后，接下来就是设计活动项目。活动项目设计是针对某一具体的活动内容制订的实施计划，具体内容为：活动项目要与总的活动内容相对应，分析每个项目涉及的理论，制定每个项目的活动目标，设计每个项目活动内容，选择活动方式。

6. 评价活动效果

在活动设计之初，就要考虑到可能产生的教育效果。在设计者的头脑里，要有明晰的效果图景。设计者还要善于把这种图景与所有参与活动的学生分享，使其成为大家共同为之努力的意愿。同时，设计者要为活动效果评价准备一套合适的测评方法，使其具有可操作性。活动效果测评为活动提供了反馈，从而帮助高校准确评价活动的效果、改进以后的工作。但最重要的是，当活动的效果评价作为活动设计的一部分被充分考虑时，就成了活动目标的一部分，为集体和个人带来了压力，让成员更加积极地参与到活动中来。当然，这种评价不是对成员表现的评价，而是对群体收获和活动效果本身的评价，是一种形成性评价，所以不会像传统考试那样对学生个体造成压力。

（三）课外教育活动的实施要领

1. 重感受

心理健康课外教育活动是心灵的碰撞，是人际的交流，是情感的体验，是帮助一个人自助的过程。活动的过程是大学生的认知结构、情感体验、行为方式在活动组织者的干预下进行调整、重组、统合的过程。这个过程是一个主动的过程，而不是单纯依靠外力实现的"塑造""教育"的过程。开展心理健康课外教育活动的根本目的，是促使学生在团体的助力下，审视自己的内心，反思自我的成长，思考学习，思考人生，思考自我与外界的关系，以推动自我的完美发展。

2. 重指导

心理健康课外教育活动是一项专业性很强的工作，没有心理教师的精心指导就很难达到设定的目标。教师的指导作用具体体现在：设计活动的目标，拟定活动的主题，选择恰当的活动形式和方法，设计活动方案，控制活动的进程，评价活动的结果；在活动过程中积极营造团体活动的氛围，控制活动时间，把握主题方向，以欣赏的态度去听学生的讨论，看学生的表演，并给予鼓励和引导；同时注意观察学生的行为表现，发现问题，实施个别辅导。心理健康课外教育活动应该是"非指导性的"，活动的组织者不能对学生进行强制的说理和武断的解释，必须采用的暗示、忠告、说服等手段也只能最低限度地使用，即力求"随风潜入夜，润物细无声"。

3 重目标

实施心理健康课外教育活动最重要的是把握好教育理念和教育目标，如果只考虑形式和手段的新鲜感，就很可能会舍本求末。团体心理游戏可以为课外教育活动增添不少生机和便利，但这些游戏的使用一定要服从于教育目标的需要，不要只是为了变换一下形式而已。如果不考虑场地、环境、主题的针对性等客观因素，不加分析地把一些游戏引入课外教育活动是不妥的。课外教育活动不能片面追求"轻松""愉快"和"活泼"，更应注重引导大学生去直面生活，有鲜明的针对性，要有深度、内涵和哲理。

4. 重真话

人感到安全，才能敞开心扉。真话中难免会有错话，但对学生在成长过程中出现的错话持一种宽容和理解的态度，可强化学生自我向善的意向。罗杰斯曾经提出，指导者必须具备三种基本态度，即共情、真诚、无条件关注。心理健康课外教育活动组织者的基本任务是营造良好的气氛，一种对活动参与者接纳与信任的气氛。这样可以使每个成员不必过度防卫和隐藏自己，能自由自在地表达自己，使活动产生效果，并促使活动参与者改变和成长。所以在心理健康课外教育活动过程中，组织者要努力培养一种讲真话、讲实话、不讲套话的风气。

5. 重氛围

心理健康课外教育活动是建立在活动参与者之间相互信任、关心了解、接纳的氛围中的一种互动的人际交往过程，每个成员的心扉就是在这种人际氛围中打开的。活动的有效性主要依赖于通过组织者的行为所建立起来的团体氛围，这一氛围可以引发学生积极地回应，并使学生的认知和行为发生变化。所以，营造坦诚、信任的团体氛围，消除学生对自由沟通和交流的防卫心理，是组织者最重要的责任、最主要的任务、最高超的技能，也是心理健康课外教育活动最基本的环节。

6. 重应变

心理健康课外教育活动面对的是充满活力的大学生个体和交互影响的群体。活动现场是千变万化的，组织者必须灵活把握活动的发展势头，不可刻板依照原定设计行事。因为活动的实施过程是充满变化的，它的发展和推进往往是随机的、高度动态的。在师生双边多向和多种形式的交互作用下，学生的潜在能力会随时随地被激发出来，各种奇思妙想、各种生动的生活经历会在瞬间奔涌而出，学生往往会妙语连珠、才华横溢，整个活动现场会变得生机勃勃、充满智慧、充满童稚与青春，每个学生都会真切地感受到自己生命的意义和价值。这样的活动过程是任何周密的设计都难以事先预料的。因此，组织者必须随机应变，随机引导，不要死守原定的活动设计方案。特别是当有的学生发言涉及多数同学关心的共性问题时，组织者一定要及时抓住，充分展开。

7. 重自我升华

领悟是学生克服心理不适应、促进自身发展的关键，它往往伴有深刻的认识飞跃。即使学生的自我升华还比较幼稚，组织者也不可越俎代庖。心理健康课外教育活动的结束部分，应该是学生借助自己的内省、同学的回馈和心理教师的建议等，对自己的认知体系进行整理和重建的重要环节，这个环节也应该让学生通过主动参与来完成。

第三节　大学生心理健康教育课程开展与实践

一、高校心理健康必修课设置

高校心理健康教育课程是以培养大学生良好的心理素质，促进大学生身心全面发展为目的，以心理知识传授、心理品质培养和心理辅导为内容，根据大学生生理、心理发展的特征与规律，由具有一定心理学素养的教育工作者设计和组织的专门课程。普及心理健康教育课程，对全体学生较为系统地了解和掌握心理健康的理论和方法，充分满足学生对心理健康知识与方法的迫切需求具有十分重要的教育意义。在此背景下，许多高校陆续开设了面向全体学生的心理健康教育课程，教育主管部门和心理健康教育实践者在对课程性质和目标的理解方面也逐渐达成了一致。

（一）心理健康必修课的课程性质

大学生心理健康教育课程属于一种集知识传授、心理体验与行为训练为一体的课程。一般而言，心理学类课程可以分为心理学专业教育的心理课程和高校的心理健康教育课程。二者因对象、目的不同，内容的侧重点也不同。高校心理健康教育课程是针对高校大学生心理问题发生率增长、心理教育需求持续提升的现状而萌生的教育需求。与专业教育的心理课程相比，心理健康必修课的课程性质侧重点在于学生的心理素质的发展，即通过有效的心理健康教育，识别与预防各种心理障碍，解决大学生在日常学习生活中遇到的各类适应性和发展性问题，促进学生身心健康、人格完善，激发其内在潜能，是一门具有广泛实用性和指导性的课程。

（二）心理健康必修课的课程目标

作为一门素质教育公共课程，"大学生心理健康教育"课程旨在使学生明确心理健康的标准及意义，增强自我心理保健意识和心理危机预防意识，掌握并应用心理健康知识，培养自我认知能力、人际沟通能力、自我调节能力，切实提高心理素质，促进学生全面发展。具体而言，该课程要使学生在知识、技能和自我认知三个层面达到以下目标。

1.知识层面

使学生了解心理学的有关理论和基本概念，明确心理健康的标准及意义，了解大学阶段人的心理发展特征及异常表现，掌握自我调适的基本知识。

2.技能层面

使学生掌握自我探索技能、心理调适技能及心理发展技能，如学习发展技能、环境适应技能、压力管理技能、沟通技能、问题解决技能、自我管理技能、人际交往技能和生涯规划技能等。

3.自我认知层面

使学生树立心理健康发展的自主意识，了解自身的心理特点和性格特征，能够对自己的身体条件、心理状况、行为能力等进行客观评价，正确认识自己、接纳自己，在遇到心理问题时能够进行自我调适或寻求帮助，积极探索适合自己并能适应社会的生活状态。

（三）心理健康必修课的课程设置

1.教学时间安排

根据教育部相关文件规定，课程开设时间和方式有如下要求：在第一学期开设一门"大学生心理健康教育"公共必修课程，覆盖全体学生。在其他学期开设相关的公共选修课程，形成系列课程体系。有条件的可以增开与大学生素质教育、心理学专业知识有关的选修课程。从大学生实际需求出发，心理健康教育课程授课时间以大一为主，之后才开设该课程会错过其心理适应发展的第一时间，略显滞后。需要注意的是，在大一时期，学生对大学生活还缺乏必要的体验，需要在教学设计上做一定的安排并加以处理。当然，更为理想的课程安排可能是：将心理健康教育课程体系覆盖大一到大四整个大学生活，针对每个时期不同的发展任务，有针对性地安排专题课程。

2. 教学设计安排

心理健康教育课程是基于学生心理健康成长设计和运作的，因此要突破传统的纯理论知识灌输的模式，以体验为主要形式，以直接经验为基础，让学生通过体验来获得感悟。因此，在教学总体设计上，要遵循体验为先、理论并置的原则，高校可以根据教学设施、师资分配、学生特点等情况，将32～36学时用于理论和实践学习。在教学方法上，要增强教学感染力和实效性，采用项目教学法、团体辅导法、小组讨论法、行为训练法、游戏辅导法、互动体验法、案例分析法、角色扮演等多种教学方法。在教学手段上，要充分利用网络、多媒体、案例等资源调动学生的积极性与参与热情，提升教学效果。在实践教学时还可以设置必修与选修两个部分，以满足不同类型大学生的心理教育需求。

3. 教学内容安排

无论哪一种模式，理论教学内容均应包括：大学生心理健康与咨询、大学生心理困惑及异常心理、自我意识、大学生人格发展与心理健康、学习心理、大学生人际交往、生涯规划、恋爱与性心理、情绪管理、压力与挫折应对、生命教育与心理危机应对。实践教学内容与理论教学内容相匹配，形式上提倡多样化，以巩固与提升理论教学效果。

4. 教学人员储备

目前高校心理健康教育课程在教学人员为主，安排上有以下几种方式：以专职教师为主，兼职教师为辅；以本校专兼职教师为主，外聘专职教师为辅；专兼职教师与辅导员队伍相结合，辅导员队伍为主；等等。从长远发展角度考虑，高校要形成长效的培养机制，建立一支师德高尚、专业过硬、结构合理、充满活力的心理健康教育课程师资团队，加强心理健康教育课程师资团队培养工作，鼓励教师积极开展心理健康教学研究和团队教学，参与心理咨询与心理训练，增强教学实践能力，并聘请相关方面的专家加入教学队伍，创造性地开展各种教学教研活动，促进教学水平和教学效果不断提高，并鼓励有条件的辅导员参与相应课程教学。

二、高校心理健康必修课教学

众所周知，心理健康教育在我国越来越受关注，各高校开展心理健康教育的热情也空前高涨。就心理健康教育而言，方法和途径是多种多样的，但心理健康教育的主渠道始终是课程教学。对心理健康必修课教学模式与方法的探索，是有效提升心理健康教育课程教学效果的必经之路。

（一）心理健康必修课教学模式

教学模式是在一定教学理论的指导下，通过对教育教学实践经验的概括和总结所形成的一种指向特定教学目标的比较稳定的基本教学范式。它是某种教学理论在特定课堂教学环境中的表现形式，可以实现特定条件下的教学结构和功能。教学模式是指导教学实践的重要依据。要提高大学生心理健康教育课程的实效，促进大学生心理健康成长和人格完善，必须探索有效的教学模式。

1. 讲授式教学模式

讲授式教学模式指教师通过课堂教学，主要以讲授的方式向学生传授心理学的知识和理论。这种模式是在传统课堂教学模式的基础上逐渐演变而来的，在心理健康教育课程最初开设时为大多数教师所运用。

例如，在讲解心理健康的标准时，教师在课堂上导入问题，然后给学生讲解什么是健康、什么是心理健康、心理健康的重要意义及提升心理健康水平的方法等相关的理论知识。

讲授式教学模式对于心理健康教育教师来说比较容易掌握。但这样的课堂教学模式容易陷入教师主动、学生被动的困境。因此，教师在实际教学中要将讲授式教学模式与其他教学模式相结合，要防止过度知识化和学科化倾向。

2. 活动式教学模式

培养学生的心理品质需要"动之以情，晓之以理，导之以行"，只注重"理"的讲授、"情"的体验或只注重"行"的训练，都是片面的，应将"知、情、行"有机地结合起来。

在活动式教学模式中，教师要根据学生的生理、心理特点精心设计活动，学生通过参与丰富多彩的活动获得充分的心理体验，从而提高社会适应能力和心理健康水平。在这种模式中，教师并不给学生提供理论指导，主要让学生参与活动并让学生在活动中自己体会。

以"压力应对"为例，教师可以利用自己精心设计的压力情境和活动，让学生在活动中体验压力、应对压力和管理压力。

活动式教学模式可以充分调动学生的积极性和主动性，形成活跃的课堂氛围；可以给学生带来充分的心理体验，同时也遵循了心理健康教育课程的活动性原则。但这样的模式对于教师来讲不容易把握和控制，需要教师有丰富的经验和较强的组织管理能力，活动过后教师需要花时间解释活动的目的、分析活动中的现象、给出相应的结论并指导学生在现实中运用。

3. 对话式教学模式

教师根据教学要求或学生实际情况选定某一讨论主题，并将学生分组，每个小组内成员均可充分发表自己的看法，畅所欲言，形成小组意见，然后小组与小组讨论，最后由教师做总结。根据我国大班教学的实际情况，可将6～10名学生分为一组。小组内有一定的分工，每位学生都要担任一种待定的角色，如主持人、检察员、记录员、总结人或激励者、协调者等。在活动过程中，教师只是一个组织者，对话时是完全与学生平等的。对话有学生与学生的对话、小组与学生的对话、小组与小组的对话，还有学生与教师的对话及小组与教师的对话。

以"情绪管理"为例，分组后小组内成员可以探讨自己在遇到烦心事时是怎么调节自己的情绪的，或大家帮助现在心情不好的学生，让他高兴起来。

这种模式给学生和教师营造了一个平等和谐、畅所欲言的课堂氛围。在这种氛围中，学生提出的任何观点与方法，无论正确与否教师都不能随意地批评和指正，学生可以通过小组讨论和辩论，利用理性的思维来检查自己的行为模式，从而解决价值冲突。但课堂毕竟是课堂，单纯的讨论避免不了形式过于单一，因此不宜过多地采取这种模式。

4. 诱导式教学模式

诱导式教学模式由教师创设具体情境，以引起学生的情绪体验或行为反应，在教师根据心理学原理有目的地引导下，学生自觉进行自我教育，发展心理品质、开发心理潜能。它的实施可以分为四个阶段：创设情境、操作体验、问题感知、交流感悟。

（1）创设情境阶段

创设情境在诱导式心理健康教育中有着至关重要的作用，情境的创设可以利用讲故事、录像、投影等教学手段来实现。

（2）操作体验阶段

在操作体验阶段，教师要鼓励学生轻松活泼地表演，从而吸引更多的学生参与和投入其中；要引导学生将注意力集中在所扮演的角色上，注重角色所表现出的意义，而不是演技。

（3）问题感知阶段

在问题感知阶段，教师可通过一系列的问题引导学生积极思考，鼓励学生辨认自己的价值观念，揭示并解决自己的价值冲突，进而形成合理的观念和健康的行为。

（4）交流感悟阶段

在交流感悟阶段，教师应引导学生之间互相交流体会和感受，在自我教育中促进内化，提高自律能力，训练和强化健康的行为方式。所采用的方法可以是角色扮演、心理游戏、心理训练、参观访问等。

以"人际交往"为例，教师可以先讲述一个人际交往的小故事，然后让学生通过角色扮演的方法再现。学生表演完之后，针对表演的情况进行讨论，从而找出一些优化人际关系的方法。

在诱导式教学模式中，教师应注重通过一系列的方法让学生"感受"和"体验"。在整个过程中，教师不做过多的讲述和讲解，只是在必要时加以引导，这种让学生自感、自悟、自得的方式要比教师直接给出答案更有意义，使学生的体会更深刻，也容易使整个教学过程达到知、情、行的有机结合。诱导式教学模式是一种比较理想的模式，它特别强调学生的心理体验，让学生潜移默化地接受行为训练。在这种教学模式中，学生是活动真正的主体，教师仅需对学生进行循循善诱的引导，而非刻板地说教。

（二）心理健康必修课教学方法

"大学生心理健康教育"是一门素质教育课程。讲授这门课程应以理智启迪与情感培养相结合，知识讲授与案例分析相结合，课堂练习与情景体验相结合，教师引导与学生参与相结合的教学思路，打破单一的知识讲授教学方式，采取灵活多样的教学方法。具体来说，就是除课堂讲授外，还应将课堂练习、案例分析、寓情于景等教学方法融入课堂教学中，使大学生心理健康教育课程的教学方法具有鲜明特色。适合"大学生心理健康教育"课程教学的方法有以下几种。

1. 课堂讲授法

心理健康教育课程的课堂讲授应与传统的课堂讲授有所区别，心理健康教育课程讲授更应注重课堂中的师生互动、启发领悟与心理体验。借助多媒体，通过提问等方式，让学生进入教师的语境和情感中，使学生更好地理解讲授的内容，掌握心理健康的知识，懂得主动调节心理状态、维护心理健康。大学生心理健康教育不同主题中的心理健康基础知识教学均会用到课堂讲授法。

教师讲课中应有热情、有感染力、精神饱满。能吸引学生注意力固然重要，但更重要的是目的明确、思路清楚，对问题的阐述简练准确，重点突出，能把学生带到深入探讨问题的境界，给予学生思考、联想、创新的空间。

2. 案例分析法

教师通过列举贴近当代大学生生活的典型案例，针对他们普遍的心理困惑，层层解剖分析，或者以提问方式启发引导大学生进行具体分析，帮助大学生深化认识，获得感悟，找到解决实际问题的办法。

以"人际关系"主题教学为例，教师可以引导学生分析常见的大学生人际交往案例，让大学生从他人的经历中获得感悟。再以"生命教育"主题教学为例，教师可以列举两个对生命持不同态度的个案，分别进行具体分析，帮助大学生深化对生命的理解，引导其建立或强化正确的生命观。

3. 分组讨论法

分组讨论法常常是深受学生欢迎的一种教学方法。这是学生研究性、探索性学习的主要体现。在教学过程中，教师提出问题，组织学生围绕同一个主题进行讨论，使学生学会基于事实、概念和推理来维护自己的意见，同时学会从不同的角度考虑问题，在培养集思广益能力的同时提升心理健康水平。根据课程内容，教师也可将不能在课堂解决的问题，布置给学生课后讨论，下一次课前再进行课堂总结发言。这种方式可以让学生的认知得到验证，问题得到澄清，也可进一步加深学生对相关知识的理解。

以"学习心理"主题教学为例，教师可先组织学生分组讨论他们目前所面临的学习困难，确定本班学生的不同学习困难后，再分组讨论如何解决。学生自己应对学习困难的方法很可能比教师介绍的普遍应对方法更有效、更具针对性。又如，"生涯规划"专题学习完成后，可以布置每个组采访5位以上比较成功、在学生中有一定影响的本专业的学长，然后在组内开展讨论，并在此基础上制订自己的大学生涯规划方案。通过这种方式制订的方案比仅在课堂理论学习和认知基础上形成的大学生涯规划对学生本人更有指导性和实效性。

4. 心理测验法

为加深大学生对课程内容的理解，可以精心挑选出一些适合课堂完成的心理测试量表，对大学生进行心理测试，让大学生了解自我，主动进行自我心理调节，维护心理健康。心理测验法是深受大学生喜欢的一种教学方法，也是大学生了解自我心理状况的一种简单有效的途径。教师要选择一些科学规范、信效度较好的量表并对测量结果进行适当分析和解读。

以"大学生人格完善"为例，教师可以让大学生在课堂完成16PF人格测验或者艾森克人格问卷；而在"压力应对"教学中，教师可选择《大学生生活事件量表》施测。为防止大学生简单地对号入座，给自己"贴标签"，教师应及时科学地解释结果。

5. 情境再现法

指教师向学生提供或创设各种情境，让学生在亲身实践中获得体验，如心理游戏、团体活动、视频欣赏等。这种寓教于乐的方法，活跃了课堂气氛，吸引了学生的注意力，提高了学生的学习兴趣。

如在"压力应对"中，可让学生参与心理辅导活动"成长三部曲"：通过"石头、剪刀、布"决定成长中的三种状态，即"鸡蛋""小鸡""大鸡"最后变成"人"。游戏从"鸡蛋"开始，每个人都是"鸡蛋"，抱成团蹲在地上，与"鸡蛋"进行猜拳，如果赢了，就进化成"小鸡"；变成"小鸡"后再与"小鸡"猜拳，如果赢了，就进化成"大鸡"；成为"大鸡"后再与"大鸡"猜拳，如果再赢了，就成长为

"人"。简单、有趣的心理活动既能活跃课堂气氛，又能让学生学会如何应对成长过程中的压力与挫折。

6. 角色扮演法

教师提供一定的主题情境并讲明表演要求，让学生扮演某种人物角色，演绎某种行为与态度，以达到深化学生的认识，感受和评价"剧中人"的内心活动和情感体验的目的。根据组织形式的不同，角色扮演法可细分为短剧和小品表演、哑剧表演、空椅子表演、双重表演、改变自我的表演、咨询表演等形式。

参考文献

[1] 薛春艳.生命教育视野中的大学生心理健康教育研究 [M].武汉：华中科技大学出版社，2020.

[2] 唐琳.网络环境下大学生心理健康教育研究 [M].成都：西南交通大学出版社，2018.

[3] 邱鸿钟.当代大学生心理健康教育研究 [M].广州：广东高等教育出版社，2005.

[4] 张小远.当代大学生心理健康教育研究 [M].西安：第四军医大学出版社，2005.

[5] 刘敏.心灵引航 大学生心理健康教育 [M].北京：中国青工业出版社，2009.

[6] 刘根发.高校体育与大学生心理健康教育研究 [M].成都：西南交通大学出版社，2007.

[7] 叶骏，黄晞建，孙时进.哲学社会科学论坛（第三辑）上海高校大学生心理健康教育研究卷 [M].上海：东华大学出版社，2009.

[8] 李培培，田帅，乌日娜.大学生心理健康教育与心理咨询研究 [M].长春：吉林人民出版社，2021.

[9] 李晓敏，栗晓亮.大学生心理健康调适及其教育管理研究 [M].北京：中国纺织出版社，2022.

[10] 左霞.大学生思想政治教育与心理健康研究 [M].长春：吉林大学出版社，2022.

[11] 武光路."三全育人"视域下大学生心理健康教育体系建设机制探析 [J].科教导刊，2022（28）：148-150.

[12] 刘颖新.构建高校学生心理健康教育长效机制的思考研究 [J].大学，2022（28）：185-188.

[13] 王迪.大数据时代大学生心理健康问题与对策研究 [J].产业与科技论坛，2022，21（19）：279-280.

[14] 赵学琴.五阶教学法在大学生心理健康教育课程中的应用研究 [J].高教学刊，2022，8（27）：107-110.

[15] 饶芳，谭菊华，程术兵.道德法律与心理健康教育对大学生成长的重要价值 [J].中国学校卫生，2022，43（09）：1441-1442.

[16] 杨洁.音乐教育对大学生心理健康的作用 [J].大众文艺，2022（18）：97-99.

[17] 马笑雪.思政视域下大学生心理健康教育探究 [J].信阳农林学院学报，2022，32（03）：149-152.

[18] 姚菡.中华优秀传统文化融入大学生心理健康教育研究 [J].湖南邮电职业技术学院学报，2022，21（03）：69-71.

[19] 李怡和，李学盈，梁倩蓉，等.大学生心理健康教育的满意度及影响因素研究 [J].医学与哲学，2022，43（16）：66-70.

[20] 张辉，李雪.大学生心理健康与思想政治教育的协同效应分析 [J].医学教育管理，2022，8（04）：419-422+437.

[21] 周羽.特教学院大学生心理健康教育研究 [D].长春：长春理工大学，2019.

[22] 胡卓理.贫困大学生心理健康教育研究 [D].石家庄：河北师范大学，2016.

[23] 杨翕涵."音乐心理剧"辅助大学生心理健康教育研究 [D].长沙：湖南师范大学，2017.

[24] 刘琦.眼动脱敏与再加工技术（EMDR）辅助大学生心理健康教育研究 [D].天津：河北工业大学，2019.

[25] 张小悦.积极心理学视域下大学生心理健康教育研究 [D].锦州：渤海大学，2018.

[26] 郭婉茹.生态观视阈下的大学生心理健康教育研究 [D].锦州：渤海大学，2016.

[27] 陈新星.高校辅导员开展大学生心理健康教育研究 [D].福州：福建师范大学，2016.

[28] 张斌 . 基于需求和满意度视角的大学生心理健康教育研究——以山西省为例
　　　[D]. 太原：山西财经大学，2017.

[29] 姚冬玮 . 思想政治教育视域下的大学生心理健康教育研究 [D]. 南京：南京财
　　　经大学，2017.

[30] 王欢 . 大学生心理健康教育研究 [D]. 长春：长春工业大学，2010.